La puissance pu
imposer aucune

blique... ne doit
croyance ...
Condorcet

Principes

Art. 1

La République assure la liberté de conscience. Elle garantit le libre exercice des cultes sous les seules restrictions édictées ci-après dans l'intérêt de l'ordre public.

Art. 2

La République ne reconnaît, ne salarie ni ne subventionne aucun culte.

Loi sur la séparation des Églises et de l'État, 1905

Les écoles doivent
rester l'asile invio
des hommes ne pénè

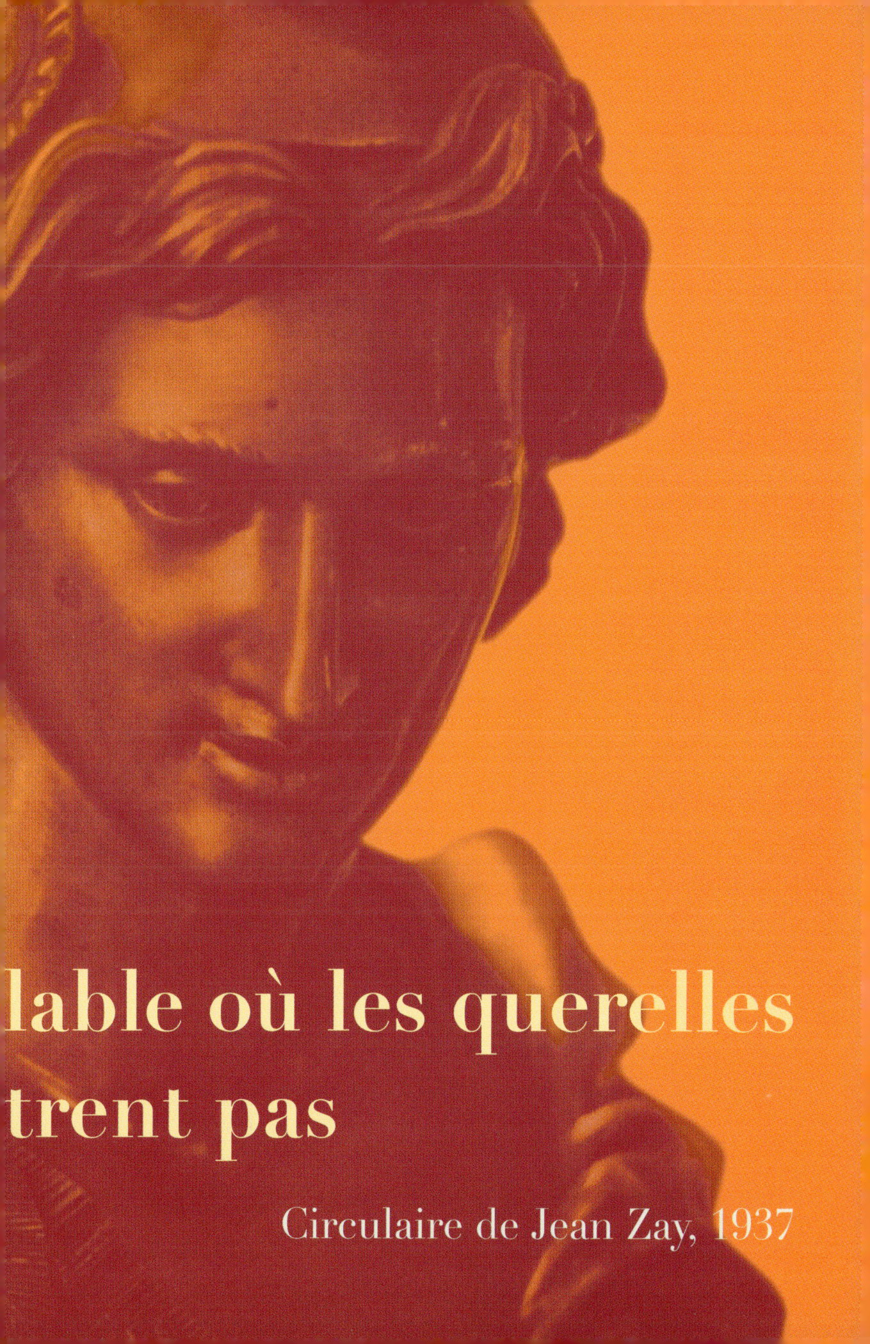
lable où les querelles
trent pas
Circulaire de Jean Zay, 1937

SOMMAIRE

HISTOIRE DE LA LAÏCITÉ
GENÈSE D'UN IDÉAL

Henri Pena-Ruiz

DÉCOUVERTES GALLIMARD
HISTOIRE

« Il y a mille manières de rassembler les hommes, il n'y en a qu'une de les unir. » Soucieux de donner au lien social un fondement politique juste, Rousseau rappelle que tout type de rassemblement n'est pas acceptable.
On ne peut unir vraiment qu'en assurant à tous la liberté et l'égalité. D'où la nécessité d'une organisation politique qui permette aux hommes de vivre librement leurs options spirituelles, et capable de promouvoir ce qui est commun à tous, par-delà les différences.

CHAPITRE 1

L'IDÉAL LAÏQUE

Parfaitement réalisée, l'émancipation laïque permet aux croyants et aux athées de se reconnaître pleinement dans la puissance publique : leurs options spirituelles reçoivent enfin une égalité de traitement. La liberté de conscience, l'égalité, et la priorité au bien commun, s'enracinent dans les Droits de l'homme (déclaration de 1789 ci-contre), dont la dimension émancipatrice est ainsi soulignée. La fête du 14 Juillet célèbre cette refondation politique (peinture à gauche).

Égalité et liberté de conscience, des évidences ?

Vivre dans une république laïque, comme la France, c'est un peu comme respirer l'air sans entrave. À la longue, on n'y prend plus garde. On oublie même ce à quoi la laïcité, idéal de liberté et d'égalité, permet d'échapper. N'est-il pas « naturel » de croire ou de penser sans contrainte ? Et d'être traité de la même façon quel que soit le contenu ou le sens de ses convictions spirituelles ? Ne va-t-il pas de soi que la loi commune et les institutions publiques ne doivent avoir pour souci que l'intérêt de tous ? Évidences… Pourtant, la résurgence périodique des fanatismes religieux, des intolérances et des attitudes d'exclusion plus ou moins violentes pratiquées au nom d'une religion ou d'un particularisme rappelle que l'humanité n'est pas encore acquise partout, ni de façon irréversible, à ces évidences.

Quant à l'histoire, passée et présente, elle apporte sa réponse tragique à la question : « que se passe-t-il dans un pays quand il ne vit pas sous un régime laïque ? » L'oppression religieuse, l'inégalité des sexes,

Aux États-Unis, l'intégrisme chrétien a pris une forme extrême chez les protestants *born again* (« nés à nouveau »), qui entendent faire revivre la dimension régulatrice de la foi religieuse, même au prix des pires intolérances. Pour mémoire : lecture littérale de la Bible récusant la science biologique (Darwin et la théorie de l'évolution), réduction de la vie sexuelle à la procréation, commandos anti IVG (ci-dessous, manifestation contre l'avortement à New York en 1991), manichéisme politique diabolisant tout adversaire réel ou supposé.

La scène du film *Kadosh* (ci-contre), tourné par Amos Gitaï en 1999, révèle la version intégriste du judaïsme. La femme doit cacher ses cheveux et se soumettre sans discussion au mari déclaré « chef de famille ». Une prière traditionnelle conduit l'homme à se réjouir « de ne pas être né femme ».

la hiérarchisation des convictions spirituelles, la posture obscurantiste qui brime la pensée ou la culture, la mise en tutelle de l'école pour soumettre à un conditionnement au lieu d'émanciper, l'absence de liberté dans les choix existentiels, entre autres, furent et sont encore très répandues. Bref, l'histoire est une sorte de démonstration par l'absurde de la portée de l'idéal laïque, puisqu'elle met en relief les souffrances diverses que provoque la collusion de la religion et de la domination politique.

L'intégrisme islamiste, quant à lui, entend régir toute la vie quotidienne. Confinée à la sphère privée dominée par le mari que souvent elle n'a pas choisi, la femme se trouve à la merci d'une répudiation unilatérale, et ne jouit d'aucun libre-arbitre. Elle doit porter la *burka*, voile intégral qui la dérobe aux regards, comme ces femmes afghanes (ci-dessus).

Mais il existe une autre démonstration de la laïcité, positive celle-ci. Elle consiste à dégager les exigences d'un ordre politique juste, et les valeurs qui peuvent le fonder. L'idéal laïque est ainsi explicité comme union des hommes sur la base de leur liberté de conscience, de leur égalité en droits, et de la fraternité que permet une loi commune exclusivement consacrée à la visée de l'intérêt général. On découvre alors que la neutralité de l'État laïque a pour sens d'en faire le cadre de réalisation de telles valeurs, la condition de sa possibilité. Elle ne signifie donc pas relativisme et indifférence, mais volonté politique de promouvoir les valeurs et les principes dont dépend la bonne entente que fondent la liberté et l'égalité. L'universalité de droit d'un tel idéal contraste avec la réalité de fait des sociétés humaines, longtemps soumises à des régimes de persécution religieuse ou de discrimination.

La portée universelle de la laïcité

L'organisation politique des sociétés humaines peut-elle se passer de la référence à une puissance transcendante, c'est-à-dire extérieure et supérieure aux hommes, appelée Dieu ? L'émancipation laïque vis-à-vis du pouvoir politique répond oui à cette question. Elle ne consiste pas pour autant à détruire la religion comme foi ou démarche spirituelle. Elle en redéfinit le sens et le statut dans la société, en en faisant une affaire privée, qui ne concerne que ceux et celles qui adoptent librement une croyance religieuse donnée. D'où sa vocation essentielle à promouvoir la liberté de conscience et l'égalité de tous, sans distinction d'option spirituelle.

Le récit généalogique d'une telle émancipation permet de faire le lien entre l'histoire réelle et l'idéal. Bien sûr, il ne saurait conduire à relativiser l'idéal lui-même et les principes qui s'en inspirent pour fonder concrètement la cité laïque. Il ne serait pas rigoureux de confondre le droit et le fait, en suggérant par exemple que les circonstances particulières de l'émergence de la laïcité en France font d'elle quelque chose de relatif, et d'inapplicable à d'autres contextes. C'est pourtant une approche courante chez les adversaires de la laïcité, qui au lieu de la critiquer frontalement ne cessent d'affirmer, de façon incantatoire, sa prétendue relativité.

La République française parée de ses emblèmes : le bonnet phrygien, symbole de liberté, et le triangle maçonnique, symbole d'égalité.

Tient-on le même raisonnement à l'égard de l'*habeas corpus* (libre disposition de son corps), qui serait donc « anglais » comme la laïcité serait « française », ou encore des droits de l'homme « français » ou « américains » selon la référence choisie ?

En réalité, le seul raisonnement qui vaille est de savoir si les principes laïques sont justes, et non pas de les clouer à une origine géographique et historique particulière, afin de les assigner à résidence. Les religions qui se veulent universalistes récusent d'ailleurs pour elles-mêmes toute réduction à un contexte particulier. Pourquoi faudrait-il l'accepter pour la laïcité ?

Parler de la « genèse d'un idéal », c'est tout simplement montrer que les hommes en lutte pour leur émancipation, dans des contextes particuliers, se font porteurs d'idéaux qui les dépassent, car ils valent pour toute l'humanité.

Croyants, athées et agnostiques

Les hommes sont différents par leurs convictions spirituelles comme par leurs traditions culturelles. Ils forment d'abord des sociétés de fait, unifiées par la référence à une même religion ou à des coutumes communes. À la longue, l'autonomisation des consciences et les échanges qui ouvrent d'autres perspectives introduisent un pluralisme des visions du monde et des conceptions. La diversité s'affirme alors au sein de chaque société, et non plus seulement entre les sociétés. Il faut donc bien que les hommes puissent vivre ensemble sans que cette diversité soit niée, ou donne lieu à discrimination et hiérarchisation. Nécessité d'autant plus forte dans des sociétés aujourd'hui très composites du fait des migrations et des échanges qui se généralisent.

Dès la proclamation de la République turque en 1923, Mustafa Kemal dit Atatürk, « père de tous les Turcs », se lance dans un vaste programme de laïcisation de la société et de l'État turcs en le dotant d'institutions républicaines et d'une constitution inspirée par l'exemple français. Il met fin à la confusion de la loi politique et de la loi religieuse, développe une instruction laïque, promeut l'égalité des sexes. Les femmes turques acquièrent le droit de vote en 1934, soit dix ans avant les Françaises (ci-dessus, affiche allégorique de la République turque).

Trois grandes options s'offrent aux hommes en matière spirituelle. Celle des croyants, c'est-à-dire ceux qui croient en Dieu, en une puissance surnaturelle, transcendante au monde et aux hommes. Eux-mêmes sont très divers dans leurs façons de croire comme dans la conception de leur dieu. D'où le pluralisme des religions, systèmes de croyances voire de dogmes, assorties de valeurs régulatrices. Ainsi saint Augustin, Maïmonide ou Averroès furent des croyants qui se reconnaissaient dans chacun des trois monothéismes (christianisme, judaïsme, islam).

D'autres hommes ne croient pas en Dieu, mais font confiance à l'humanité pour s'organiser par elle-même. Ce sont les athées, qui peuvent aussi se référer à un système de représentations et de valeurs, mais sans le fonder sur la croyance religieuse. Feuerbach, Bertrand Russell ou Sartre étaient athées.

D'autres enfin jugent inconnaissable (en grec, *agnostos*) ce qui dépasse les limites de l'entendement, ou tout simplement n'est pas démontrable rationnellement. Ce sont les agnostiques, eux aussi capables de se référer à des valeurs, mais soucieux de ne pas les asseoir sur des croyances dont l'objet reste très hypothétique. Thomas Huxley, voire Hume, étaient agnostiques.

Félicien Robert de Lamennais (1782-1854), ecclésiastique ami de Victor Hugo, fut très tôt soucieux de détacher la démarche religieuse comme libre témoignage spirituel de toute emprise cléricale.

En 1834, il dénonce les crimes commis au nom de la religion dans son ouvrage *Paroles d'un croyant*. Il en viendra à penser que la séparation de l'État et de l'Église peut être aussi salutaire pour la croyance religieuse, ainsi purifiée de toute position dominatrice, que pour l'État, ainsi capable d'accueillir tous les hommes, croyants ou athées, sans hiérarchiser leurs options spirituelles.

La laïcité, un principe de concorde

Croyants divers, athées et agnostiques se côtoient aujourd'hui dans des sociétés qui tendent à rompre de plus en plus avec le monolithisme religieux traditionnel. Ils forment d'abord le *laos*, en grec « la population indivise », c'est-à-dire une unité que rien *a priori* ne permet de scinder en groupes aux prérogatives propres. Est laïque, en ce sens, ce qui concerne tout le peuple, indépendamment des diverses croyances ou convictions qui le divisent.

La laïcité est d'abord un principe d'unité, de concorde, par lequel il est établi que la diversité des convictions spirituelles ne pourra donner lieu à discrimination ou privilège, et rompre de la sorte l'unité « principielle » du peuple en hiérarchisant les options spirituelles par des droits inégaux.

Diversité des hommes et unité de la communauté politique de droit, qui permet d'assurer leur coexistence, doivent donc être conciliées. Tel est le problème que résout l'organisation commune refondée par la laïcité. Elle le fait en conjuguant la liberté de conscience, qui permet aux options spirituelles de s'affirmer sans s'imposer, l'égalité de droits de tous les hommes sans distinction d'option spirituelle, et la définition d'une loi commune à tous visant le seul intérêt général, universellement partageable. Pour cela, elle construit un cadre juridique et politique soustrait à toute emprise d'une option spirituelle particulière, qu'il s'agisse d'une religion ou d'une vision du monde athée.

Sphère privée, sphère publique

La séparation laïque de la puissance publique et de toute Église est la condition qui rend possible, sur les plans juridique et politique, l'affirmation des trois valeurs clés de l'idéal laïque. Liberté de conscience, égalité des droits, universalité fondent alors le lien social de façon solide car incontestable du point de vue des droits humains.

Deux penseurs illustrent d'autres versions de la spiritualité que celle de la religion. Thomas Henry Huxley (1825-1895), naturaliste anglais (au centre) qui se disait « agnostique », c'est-à-dire, au sens strict, incapable de trancher pour ou contre l'existence d'un Dieu ou d'un au-delà. Jean-Paul Sartre, philosophe et écrivain (1905-1980), ci-dessus, athée, fondateur d'un humanisme existentialiste. Selon cette philosophie de la liberté, chaque homme est responsable de ce qu'il fait, et par là de ce qu'il est : aucun déterminisme ne l'astreint à un devenir. L'humanité invente elle-même ses valeurs. On ne peut donc dire à l'instar d'un personnage de Dostoïevski « si Dieu n'existe pas tout est permis ».

Il est ainsi permis à la diversité de se vivre librement sans faire perdre de vue ou compromettre l'unité essentielle de l'humanité, référence majeure de la paix et de la fraternité.

La distinction de la sphère privée, libérée par la laïcité de toute tutelle illégitime, et de la sphère publique est ici fondamentale.

Que pense un Américain athée de la mention inscrite sur le billet d'un dollar, *In God we trust*, « En Dieu nous croyons » (ci-dessus), imposée dans la sphère publique par la monnaie commune à tous, et dans laquelle il ne peut évidemment pas se reconnaître ? La même question se pose quand le président des États-Unis prête serment sur la Bible. Ce privilège public de la religion contredit l'égalité de droit. De fait, le « mur » qui sépare en principe la religion du pouvoir politique protège les Églises de toute intervention étatique, mais n'affranchit pas la vie publique d'un marquage religieux.

En Sicile, le mariage religieux (ci-dessus, à gauche) vaut d'emblée mariage civil, en raison d'une confusion entre état civil et organisation religieuse. Longtemps, dans les pays dominés par le cléricalisme catholique, cet état de fait a conduit à nier la liberté du mariage civil, du divorce, de l'union libre et de l'union homosexuelle.

Dire que la religion doit entrer dans le domaine des libertés qui se développent au sein de la sphère privée, et ne plus exercer d'emprise sur la sphère publique, ce n'est pas en nier la dimension collective, mais refuser que celle-ci serve de prétexte au maintien de privilèges. Une sphère publique qui traiterait de façon discriminatoire les différentes options spirituelles, ou s'aliénerait à leur concurrence, ne pourrait plus servir de référence commune à tous.

En proclamant l'émancipation réciproque des religions et de la puissance politique, la laïcité permet aux premières de s'affirmer librement, mais non de contraindre, et à la seconde de se consacrer pleinement à l'intérêt de tous, sans privilège public pour les croyants ou pour les athées. Principe de concorde et souci de la liberté que fonde l'autonomie de jugement, quête inlassable d'égalité, l'idéal laïque s'est forgé au cours d'une longue histoire. Contre l'intolérance et les persécutions au nom d'une religion, contre la collusion des pouvoirs politiques de domination et des Églises, les trois valeurs inséparables de la laïcité (liberté, égalité, fraternité) ont dû s'affirmer par le truchement des résistances à une oppression multiforme, et des pensées affranchies qui les ont inspirées.

L'histoire de l'émancipation laïque en Occident est exemplaire, en ce qu'elle montre qu'une tradition ne se met jamais spontanément à distance d'elle-même, pour faire en quelque sorte son autocritique. Il y faut du sang et des larmes. Point décisif, pour éviter de retomber dans l'illusion ethnocentriste qui voudrait présenter la tradition chrétienne, ou la civilisation occidentale, comme supérieure aux autres, alors que seule la volonté humaine de liberté, éveillée *a contrario* par les oppressions subies, a joué un rôle émancipateur. Le récit de la collusion entre religion et domination politique, et des persécutions qui en ont résulté, vaut donc histoire de la laïcité. Il montre, d'abord en creux, puis positivement, comment l'idéal laïque s'est constitué par la soif de liberté et d'égalité, avant de se formuler dans une théorie claire de ce que doit être la puissance publique pour répondre à ces exigences légitimes.

Le 8 juillet 2002, Amina Lawal est condamnée par un tribunal islamiste de Lagos (ci-dessous) à la lapidation pour cause d'adultère, puis elle est amnistiée le 25 septembre 2003, suite à la pression internationale. Ce tribunal punit le refus de porter le voile, les rapports sexuels hors mariage et l'adultère, de peines pouvant aller jusqu'à la lapidation. Une telle confusion entre norme religieuse et loi civile résulte d'une interprétation très contestée du Coran. Nombre de théologiens musulmans rappellent pourtant que le terme *sharia* ne signifie pas « loi contraignante » mais « chemin recommandé » et que selon nombre de versets « Dieu ne demande que ce qui est facile ».

REX
GVI
LIEL
MVS
MANVS
ENIMEAAVXILIABI
TVREI
IC
XC
EGO QVI
SVM SEQ
LVX TVR
MVN ME

Placée en regard de l'idéal laïque, l'histoire montre que la plupart des sociétés traditionnelles n'ont pas su réaliser la conciliation entre la diversité et l'unité. Soit qu'elles ont imposé l'unité par le biais d'une religion convertie en instrument de domination politique et de soumission idéologique, soit qu'elles ont eu tendance, lorsque cette unification dominatrice ne pouvait s'imposer, à se fragmenter en communautés juxtaposées, mutuellement conflictuelles.

CHAPITRE 2

DIEU ET CÉSAR : UNE LIAISON DANGEREUSE

Le couronnement du roi byzantin Guillaume II par le Christ (mosaïque à gauche) illustre l'alliance du trône et de l'autel, de César et de Dieu. Le sacre du souverain temporel légitime son action. La mise en bûcher des hérétiques (ci-contre) par un christianisme persécuteur dont le pouvoir politique est devenu le bras séculier donne la mesure des excès auxquels conduit cette confusion des pouvoirs.

Pharaon est à la fois dieu et roi humain. Il est le fils charnel du dieu Amon de Thèbes (ci-contre, Ramsès II recevant les emblèmes du pouvoir des mains d'Amon). En tant que roi, il est considéré comme le successeur légitime d'Horus, premier souverain mythique d'Égypte, ce qui lui vaut le titre d'« Horus vivant ». Ce titre subsistera jusqu'à la fin de l'histoire égyptienne. Plus tard, l'empereur Auguste se fera appeler l'« Horus, Celui au bras puissant, Le Grand de Force. »

L'Antiquité : la religion dans la Cité

Le rapport entre religion et politique apparaît décisif dès l'Antiquité que ce soit en Égypte, en Grèce ou dans la Rome antique. Le pouvoir temporel trouve en effet dans sa propre sacralisation religieuse un formidable instrument de légitimation.

En Égypte ancienne, le pharaon, fils du dieu solaire, est de nature à la fois divine et humaine. Sa sacralisation se conjugue avec un récit généalogique destiné à présenter son règne comme la souveraineté perpétuée d'un dieu fondateur, Osiris.

Dans la cité grecque, la religion se fait instrument et symbolisation du lien social. Chaque cité a ses dieux *poliades* (du grec *polis*, « cité »), qui sont affectés à la préservation du salut commun. Une idée se fait jour : la coexistence des individus dans une même société requiert l'obéissance à des lois communes, et non un conformisme religieux. La fonction civique de la religion n'engageant aucun dogmatisme théologique, l'idée que la conscience reste maîtresse d'elle-même peut s'esquisser.

Le droit romain, confortant une telle liberté, confirme l'émergence de lois communes explicites, qui permettent d'échapper à l'arbitraire et limitent

Auguste (à gauche) est à la fois le maître des destinées politiques de l'Empire et le *pontifex maximus*, chef de la religion romaine. Il incarne l'unité profonde de la cité romaine et un culte se développe autour de sa personne. Toute une théologie politique païenne définit l'empereur-pontife comme un candidat à la divinisation, comme un être « prêté par les dieux protecteurs pour la félicité du genre humain ». La confusion entre fidélité politique et foi religieuse est telle que tout refus du culte impérial est naturellement ressenti par les païens comme une trahison envers Rome. Ce sera l'origine d'un certain nombre de persécutions contre les chrétiens (ci-dessus).

le pouvoir du religieux, et stipule la distinction de la *res privata* et de la *res publica*, « chose privée » et « chose publique ». Mais la sacralisation du chef politique temporel – sorte de divinisation de César – convertit l'exigence de civisme en logique de soumission inconditionnelle.

L'ambiguïté des Évangiles

Ce culte de l'empereur va se heurter au judaïsme et surtout au christianisme naissant. En effet, ces religions monothéistes ne reconnaissent l'existence que d'un Dieu, distinct des hommes quels qu'ils soient et les chrétiens ne peuvent admettre la déification du souverain ou de l'État. Le propos attribué à Jésus-Christ dans l'Évangile de Matthieu (XXII, 21) qui distingue Dieu et César (« Rendez donc à César ce qui est à César, et à Dieu ce qui est à Dieu ») a une double portée : désacraliser le pouvoir temporel, et bien marquer l'indépendance réciproque des pouvoirs religieux et politique. Pourtant, le propos de Paul dans l'une de ses Épitres selon lequel « toute puissance vient de Dieu » contredit cette distinction. Ces contradictions concernant le rapport entre politique et religieux rendent possibles les revendications politiques du pouvoir spirituel.

Les premières persécutions catholiques

Sur cette fresque romane de 1246, l'empereur Constantin offre au pape Sylvestre la tiare, symbole du pouvoir temporel sur la ville de Rome (ci-dessus). Ce geste symbolique est une parfaite illustration de la collusion théologico-politique qui s'est mise en place dès l'avènement du christianisme, au IVe siècle. La politique assujettie à la religion peut ainsi promulguer des normes qui en sont directement inspirées, tout en tirant de ces normes ainsi intronisées un effet de sacralisation.

Le christianisme se répand assez vite dans la société romaine. En 312, l'empereur Constantin se serait converti après sa victoire contre Maxence au pont Milvius, présentée comme miraculeuse par le chroniqueur chrétien Lactance. En réalité, cette légende apologétique couvre un projet politique de réunification de l'Empire, et d'instrumentalisation à cet effet du christianisme. L'édit de Milan, en 313, inaugure une politique favorable au christianisme qui devient une religion reconnue, assortie de privilèges fiscaux et dotée de riches édifices comme le palais de Latran et la basilique construite sur la tombe de saint Pierre. Un faux, datant sans doute du VIIIe siècle, la *Donation de Constantin*, voudra accréditer l'idée que Constantin a conféré à l'Église le pouvoir de désigner l'empereur.

En 325, Constantin convoque le premier concile, à Nicée, avec pour but la mise au point des dogmes du christianisme. Les deux cent soixante-dix évêques réunis pour l'occasion élaborent le concept d'« hérésie », dissidence effective d'un groupe dont l'exemple risque de contaminer tout le corps de la chrétienté – et mettent en place un arsenal répressif pour lutter contre les déviances religieuses. Les successeurs de Constantin, à l'exception de Julien le Tolérant, gratifié du surnom péjoratif d'« Apostat » par l'Église, développent les persécutions contre les non-chrétiens. Dès 330, Constantin fait exécuter des philosophes pour sorcellerie (Nicagoras, Hermogènes, Sopatros). Les premiers autodafés concernent notamment les écrits du néoplatonicien Porphyre.

En 380, par l'édit de Thessalonique, l'empereur Théodose fait du christianisme une religion d'État. Tous les peuples qu'il gouverne doivent suivre la religion « que le divin apôtre Pierre a transmise aux Romains ». Il stigmatise alors le paganisme, surveille les juifs, et condamne les chrétiens qui ne reconnaissent pas le dogme de la Trinité, devenu pièce maîtresse de l'orthodoxie. L'ère de la religion officielle commence, et avec elle son cortège de persécutions. L'intolérance devient la règle. En 391, le culte païen est interdit et le serapeum d'Alexandrie est rasé sur ordre de l'évêque Théophile. Hérétiques, païens et juifs sont les premières victimes. Hipatie, mathématicienne grecque, est torturée et dépecée par des moines chrétiens en 415.

Avec ses soixante lois antihérétiques, le code de Théodose II, édicté en 435, systématise encore la répression au nom du nouvel ordre religieux. Quinze ans plus tard, le même empereur prône de nouveau la destruction de tout ce qui peut « exciter la colère de Dieu » et blesser les consciences chrétiennes. La pensée devient suspecte et les philosophes doivent renoncer à philosopher librement pour se mettre au service de la théologie. Cette normalisation

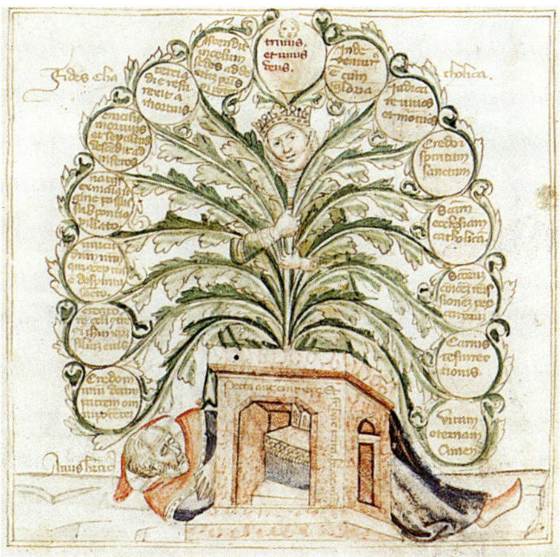

La conversion de Constantin a deux conséquences immédiates : la persécution des non-chrétiens, assortie de la destruction des temples et des bibliothèques de l'Antiquité païenne, et l'instauration d'une orthodoxie répressive. C'est à l'empereur que revient la prérogative de convoquer les conciles – assemblées d'évêques formant une sorte de gouvernement de l'Église dans les premiers temps du christianisme. Celui de Nicée, en 325, condamne l'arianisme, dont la doctrine, qui voyait dans Jésus-Christ un être humain dépourvu de toute divinité, était contraire au dogme trinitaire. Il ordonne la destruction des écrits d'Arius (ci-dessus, « écrasé par les dogmes de la foi »).

« violente », pratiquée à l'intérieur de la communauté des chrétiens, va trouver son pendant à l'extérieur, avec les croisades, destinées à prendre possession des Lieux saints.

La tentation théocratique des monothéismes

Avec l'avènement politique du christianisme, promu religion officielle de l'Empire romain, s'esquisse la « théocratie », littéralement le « pouvoir de Dieu », mode de gouvernement dans lequel se réalise la collusion totale du pouvoir politique et du pouvoir religieux. Dans la théocratie, l'ordre politique ne se distingue pas de l'ordre religieux, qui lui-même dicte la vie quotidienne. Celle-ci est ritualisée, asservie à des conditionnements religieux développés dès la plus tendre enfance. Il n'y a guère de place en régime théocratique pour une libre subjectivité ou pour une conscience autonome, et la moindre faute commise contre la religion reçoit un châtiment non seulement spirituel mais également corporel. Ainsi, l'idée de la soumission à Dieu prend corps par une législation directement inspirée des dogmes.

Les trois grands monothéismes des premiers siècles de notre ère (juif, musulman et chrétien), que ce soit le royaume de Moïse, celui de Mahomet ou l'empire de Théodose, mettent en place des formes d'instrumentalisation politique de la religion et de conception religieuse de la politique assorties d'une législation édictée par l'Église.

Il est revenu à saint Augustin (354-430) de théoriser, dans *La Cité de Dieu*, la maîtrise religieuse du pouvoir civil et politique, tout en la conciliant avec la reconnaissance d'une relative autonomie du pouvoir temporel incarné par le roi ou l'empereur. Le dualisme des deux pouvoirs – temporel et spirituel – fondé sur la distinction attribuée à Jésus-Christ (Dieu et César) est expliqué à travers la métaphore des deux cités : la cité céleste et la cité terrestre (à droite). La première, seule légitime et seule source de vraies valeurs, relativise et domine la seconde. Par analogie, le maître de la cité terrestre s'apparente au maître de la cité céleste tout en demeurant prisonnier des limites de la finitude humaine. Le modèle divin déteint sur le modèle royal ou impérial. La « tête » de la communauté politique la domine comme Dieu domine la communauté des croyants, et l'Église qui l'organise.

Ci-contre, l'empereur du Saint Empire romain germanique Othon II et son épouse Théophane se faisant couronner par le Christ lui-même.

C'est ainsi que tous trois condamnent la femme adultère, le judaïsme et l'islam primitifs allant jusqu'à recommander la lapidation. Quant aux textes sacrés de référence, ils donnent lieu à une interprétation le plus souvent fidéiste et littérale, dépourvue de toute distance critique.

Tandis qu'en Orient, le modèle théocratique perdure jusqu'au XIIe siècle, avec le « césaropapisme » qui fait de l'empereur byzantin le chef politico-religieux incontesté, en Occident, la dérive théocratique laisse graduellement la place à l'alliance du trône et de l'autel.

Au IVe siècle, l'évêque de Rome, devenu pape, revendique la primauté sur l'Église chrétienne. S'il parvient à la faire admettre en Occident, en Orient, l'empereur byzantin décide de s'imposer à la tête de son église et instaure le « césaropapisme » : cumul du pouvoir politique et de l'autorité religieuse.

L'alliance du trône et de l'autel

En mettant en rapport deux puissances distinctes – le souverain temporel et le souverain spirituel, souvent le roi et le pape – par un échange que régit une logique de l'intérêt mutuel bien compris, le christianisme va promouvoir l'alliance du trône et de l'autel. Ainsi, l'empereur ou le roi peut bien être « ministre de Dieu sur la Terre » et à ce titre « couronné par Dieu » (*a deo coronatus*), voire « image de Dieu » (*imago dei*), il n'en est pas moins un homme. La sacralisation dont il fait l'objet le met hors de portée de toute critique éventuelle de ses sujets, et constitue donc un principe de légitimation de sa puissance et de l'usage qu'il en fait.

L'histoire de cette alliance remonte aux débuts de la royauté, alors que l'Église est déjà une puissance établie, dotée de dignitaires qui, en de multiples points de l'Europe, ne se contentent pas de jouer un rôle spirituel, mais entendent agir sur les leviers du pouvoir temporel.

En 498, Clovis est baptisé par saint Rémi, évêque de Reims (ci-dessus) avec l'huile d'une sainte ampoule qui, selon la légende, aurait été apportée du ciel par une colombe. Le 27 juillet 754, en la basilique de Saint-Denis, le pape confirme le pouvoir royal de Pépin le Bref sur les Francs en le couronnant lui-même (ci-contre). C'est au cours de cette cérémonie que le futur souverain reçoit pour la première fois l'imposition des huiles saintes, à l'image de Clovis trois siècles plus tôt. Cette onction, qui fait du roi un roi sacré (d'où le nom de sacre donné à la cérémonie), confère une légitimité intemporelle à la monarchie désormais déclarée d'origine divine. Les rois de France se feront tous sacrer selon le même rituel jusqu'en 1825.

Le baptême de Clovis, roi des Francs rhénans, avec trois mille de ses guerriers, en 498, scelle la première alliance entre le pouvoir royal et le pouvoir clérical. Vers 560, la loi salique proclame : « Vive le Christ qui aime les Francs. Qu'il garde leur royaume et remplisse leurs chefs des lumières de sa grâce. »

La dynastie mérovingienne reconduit cette alliance en la prolongeant par un accord de fait avec les évêques et le pape. Vers 730, le maire du palais, Charles Martel (688-741), manifeste une certaine autonomie. Fort de sa victoire contre une armée musulmane à Poitiers en 732, il confisque les biens du clergé et refuse son aide au pape Grégoire III que menacent les Lombards. Son fils Pépin le Bref (714-768) renoue l'alliance avec la papauté. En 753, quand le pape Étienne II, abandonné par l'empereur d'Orient, vient en personne rencontrer Pépin, roi des Francs depuis 751, pour lui demander son aide, celui-ci accepte de mener une expédition en Italie contre les Lombards. Il est sacré roi de France par l'évêque Boniface en 752, puis par le pape lui-même en 754. Premier roi sacré, Pépin le Bref est aussi celui qui inaugure le financement officiel de l'Église, en instaurant la dîme, impôt dû à l'Église, qui sera perçu jusqu'en 1790. La tradition du sacre, qui scelle la collusion théologico-politique, se perpétuera au-delà de l'interruption révolutionnaire, jusqu'au sacre de Charles X, en 1825.

Roi et empereur chrétien, Charlemagne met lui aussi la force franque au service du christianisme. Sacré empereur en l'an 800, il engage néanmoins la dynastie carolingienne dans une conquête du primat du pouvoir temporel, tout en maintenant l'alliance avec l'Église.

Les Carolingiens ne dérogèrent pas au rituel du sacre, même si parfois l'iconographie de l'époque représente Charlemagne couronné par une main céleste (ci-dessous) et non par un pape. Une vision qui semble consacrer le tenant du pouvoir politique comme le représentant de Dieu sur la Terre.

De l'alliance à la franche rivalité

Cette alliance conduit assez vite à des tensions du fait de la lutte pour la prééminence de chacune des deux puissances. La dynastie capétienne, inaugurée par Hugues Capet, sacré roi en 987, entre à diverses reprises en conflit direct avec le pouvoir religieux du pape ou des évêques. Une rivalité générale voit le jour entre les officiers royaux et les ecclésiastiques concernant les normes et les droits qui règlent la vie civile, tant dans les rapports entre les hommes que dans la gestion des biens.

La « querelle des Investitures », qui oppose le pape Grégoire VII à l'empereur du Saint Empire romain germanique au milieu du XIe siècle est elle aussi significative. Désireux de contrôler la désignation des évêques, l'empereur Henri IV fait déposer Grégoire VII qui, en riposte, l'excommunie et le dépose à son tour. En 1077, le souverain se rend à Canossa pour demander son pardon au pape, mais la querelle perdure jusqu'au concordat de Worms, conclu en 1122 par le pape Calixte II. Il est établi que les évêques seront élus par le clergé en présence d'un représentant du monarque, auquel ils prêteront serment avant d'être consacrés par l'archevêque.

De 1162 à 1165, le pape Alexandre III, chassé de Rome, séjourne en France. Ses clercs vont diffuser dans le pays le décret du canoniste italien Gratien ; un recueil juridique est publié en 1142, réunissant plusieurs milliers de textes du droit canon, qui entendait organiser une société régie par les clercs.

Ci-dessus, miniature illustrant une copie du *Décret* datant du XIIIe siècle, où l'on voit le pape transmettre au roi les édits de son autorité, à charge pour lui d'en garantir l'application temporelle.

Philippe le Bel et la naissance du gallicanisme

L'affrontement entre Philippe le Bel (1268-1314) et le pape Boniface VIII marque un tournant dans les relations entre la papauté et la royauté. Elles s'enveniment à propos d'un conflit de pouvoir entre le comte de Foix, dont le roi appuie, en 1285, les

prétentions sur Pamiers, et Bernard Saisset, promu évêque de Pamiers. Qui des deux aura la préséance ? Devenu pape en 1294 sous le nom de Boniface VIII, Benedetto Caetani rédige une bulle, *Clericis laicos*, dans laquelle il prétend interdire aux souverains séculiers tout type de prélèvement d'impôt sur le clergé sans accord du pape. La menace d'excommunication montre bien alors l'enchevêtrement du spirituel et du temporel. Philippe le Bel, conseillé par ses légistes, dont Guillaume de Nogaret, marque radicalement son territoire, en faisant arrêter Saisset au cours de l'été 1301. La guerre avec le pape est ouverte. Peu de temps après, Nogaret élabore la théorie qui préfigure l'absolutisme d'un roi reconnu comme instance suprême du pouvoir temporel, mais aussi comme autorité habilitée à juger des questions religieuses. Ainsi, « le roi est empereur en son propre royaume », et ne détient nullement son autorité du pape. Une nouvelle alliance, cette fois-ci entre Dieu et son représentant direct sur la Terre, le roi de France,

La bulle de Boniface VIII *Unam Sanctam* (1302), qui utilise la formule « théocratie pontificale », envenime encore les relations avec Philippe le Bel. Celui-ci lance un appel à un concile général qui doit juger le pape, accusé d'hérésie et de simonie. Nogaret, envoyé à la curie romaine pour notifier au pape sa convocation, le fait prisonnier dans son palais d'Anagni, le 7 septembre 1303 (scène ci-dessus), avec l'aide des ennemis italiens du pape. Durant l'arrestation, ce dernier est giflé. Délivré deux jours plus tard, Boniface meurt à Rome le 11 octobre.

est alors affirmée, tandis que les textes du droit canon pontifical sont systématiquement transposés pour attribuer au roi les prérogatives naguère reconnues au seul pape. La « plénitude de puissance » change ainsi de titulaire. La monarchie de droit divin, avec sa radicalisation gallicane (du latin *gallicanus*, « gaulois »), n'est pas loin. La défaite de Boniface VIII sonne le glas des ambitions théocratiques pontificales.

La rencontre à Bologne, le 11 décembre 1515, entre François Ier et le pape Léon X (ci-dessous) débouche sur la signature du concordat de Bologne en 1516, un compromis qui ménage à la fois les prérogatives royales et les privilèges publics du catholicisme.

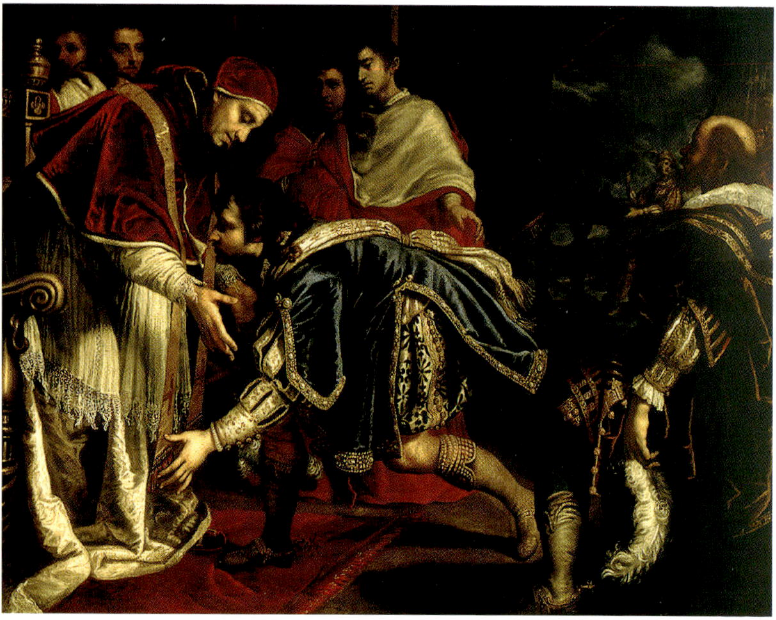

L'autonomie ambiguë du pouvoir temporel

Parallèlement au gallicanisme royal s'affirme également un gallicanisme des parlements de France. Une ordonnance sur les rapports entre l'Église et le pouvoir temporel, la Pragmatique Sanction, est promulguée lors d'une assemblée réunie à Bourges en 1438 par Charles VII, et rejetée aussitôt par le pape. Cette Pragmatique Sanction confirme le concile de Bâle qui stipulait la préséance des conciles sur le pape ; elle consacre

En 1539, Henri VIII fait publier une *Grande Bible* en anglais dans l'intention de se démarquer radicalement de l'église catholique romaine et d'affirmer son autorité. Il se fait représenter sur la page de titre (à droite) entouré de l'épiscopat de sa nouvelle Église.

Les Libertez de l'Eglise Gallicane.

A PARIS,
Par Mamert Patisson Imprimeur du Roy. Chez Robert Estienne.
M. D. XCIIII.

le droit de regard du roi de France sur l'Église (régalisme) et souligne l'importance des élections épiscopales. Le concordat de 1516, négocié par François Ier avec Léon X, représente une victoire du gallicanisme royal, même s'il ménage le pape en ce qui concerne le magistère spirituel. En 1594, Pierre Pithou rédige *Les Libertés de l'Église gallicane*, véritable charte du gallicanisme. Comme en France, la compétition en matière de préséance juridique s'est développée en Angleterre et donne naissance à l'anglicanisme. Les démêlés entre l'Église d'Angleterre et l'Église catholique romaine atteignent leur point culminant en 1533. Le roi Henri VIII rompt avec Rome, qui vient de refuser d'annuler son mariage avec Catherine d'Aragon, dont il ne peut avoir d'enfant. Il fait prononcer son divorce par l'Église d'Angleterre et épouse Anne Boleyn dont il veut un héritier. En 1534 il se déclare « seul chef suprême de l'Église d'Angleterre », promue Église d'État par un « Acte de suprématie ». Le roi fait publier en 1539 la *Grande Bible*, en anglais. Les protestants calvinistes exercent leur influence dans le processus anglican, qui conjugue le maintien d'une liturgie de style catholique et l'adoption d'une théologie inspirée par la Réforme.

Dans son ouvrage, très souvent réimprimé (couverture ci-contre), l'ancien calviniste Pierre Pithou énumère les 83 libertés de l'Église gallicane, découlant de deux grands principes : « les papes ne peuvent rien commander en ce qui concerne les choses temporelles ès pays du Roy Très Chrétien », pas même aux clercs et « ès choses spirituelles en France, la puissance [du pape] est bornée par les canons des anciens conciles reçus en ce royaume. Et en cela surtout consiste la liberté de l'Église gallicane ».

The newe Testament in Englyshe translated after the Greke cōtaynynge these bookes.
The Gospelles.
Mathew. Luke.
Marke. John.
The Actes.
The Epistles of S. Paul.

Les guerres de Religion

Après les proclamations de Luther puis de Calvin, le protestantisme gagne certaines régions du royaume de France. Vers 1550, environ un quart de la population, les « huguenots », l'a adopté. L'émergence du pluralisme religieux au sein des nations, puis celle du pluralisme spirituel, avec le développement des humanismes athée ou agnostique, posent

directement la question : le pouvoir politique peut-il continuer à prendre parti pour une religion contre d'autres types de convictions ?

L'idée que la religion des sujets doit être celle de leur roi (*cujus regio ejus religio*, « tel roi telle religion ») illustre la confusion de la domination politique et de la domination spirituelle. En 1555, la diète d'Augsbourg a fait de la première formule un principe, mais le pluralisme religieux – ou spirituel si l'on inclut athées et agnostiques – ne s'en trouve guère respecté pour autant. Seuls sont libres en leur conscience les princes, tandis que leurs sujets sont tenus de se conformer à la religion de leurs chefs temporels.

Les protestants qui entendent jouir des mêmes droits que les catholiques pour pratiquer leur religion sont dénoncés par des ecclésiastiques au nom de l'orthodoxie. Avec l'assassinat du duc de Guise, chef de file catholique, en 1562, commencent les huit

C'est le 25 juin 1530 à la diète d'Augsbourg, réunie par Charles Quint dans le but de mettre fin aux dissensions religieuses soulevées par la Réforme, que les luthériens présentent leur profession de foi – ou confession – à l'empereur (ci-contre). Elle est refusée par les théologiens catholiques. Vingt-cinq ans plus tard, Ferdinand Ier et les électeurs germaniques signent la « paix d'Augsbourg » qui établit un partage des territoires entre catholiques et luthériens.

L'épisode sanglant de la Saint-Barthélemy montre jusqu'où peut aller le fanatisme religieux exacerbé par des enjeux politiques. En 1572, Catherine de Médicis persuade le roi Charles IX de faire tuer les chefs protestants. Seuls Henri de Navarre et Henri de Condé, princes de sang, auront la vie sauve en échange de leur conversion. C'est ainsi que le 24 août, plus de 3 000 protestants sont assassinés à Paris, avec leur chef, Coligny (à droite). Ce meurtre collectif s'accomplit dans une atmosphère messianique, largement suscitée par des prêches enflammés de curés qui prétendent purifier la chrétienté. Les massacres se généralisent dans de nombreuses villes. On estime le bilan pour l'ensemble du royaume à plusieurs dizaines de milliers de morts.

guerres qui vont ensanglanter la France jusqu'à la fin du siècle, avec pour point culminant la Saint-Barthélemy.

Henri de Navarre, huguenot, hérite du trône en 1589 et se convertit au catholicisme. Il aurait alors prononcé la fameuse phrase « Paris vaut bien une messe ». Sacré à Chartres en 1594, il ne tarde pas à faire rédiger l'édit de Nantes, qu'il proclame en 1598. Le protestantisme, qualifié de « Religion prétendue réformée », se voit reconnaître une certaine liberté de culte, mais limitée et conditionnée, voire assignée territorialement. L'inégalité des religions demeure, puisque seule la religion catholique est religion officielle du royaume et jouit à ce titre de privilèges publics.

Par l'édit de Nantes (ci-dessus), Henri IV veut se montrer comme un roi impartial, capable de ramener la paix chez ses sujets en prônant la tolérance. Mais celle-ci n'est que la lointaine parente de la liberté de conscience qui, dans sa plénitude, suppose que nulle option, religieuse ou autre, ne soit privilégiée.

Malgré l'édit de Nantes, imparfaitement appliqué, les guerres de Religion reprennent. En France, le cardinal de Richelieu décide de combattre les protestants. Les dragonnades contre les réformés se multiplient, et un exode dramatique des protestants affaiblit le royaume.

« Un roi, une loi, une foi »

Louis XIV entend asseoir plus encore son absolutisme, notamment par la radicalisation de la formule « tel roi telle religion » en une maxime quasi totalitaire : « un roi, une loi, une foi ». La notion même de monarchie de droit divin permet au souverain temporel de recueillir le prestige et la puissance que confère l'idée que le roi est « ministre de Dieu sur la Terre », en même temps qu'elle fait de la religion une référence obligée des sujets.

En 1682, Louis XIV réunit une Assemblée générale du clergé français. Elle vote la Déclaration des quatre articles, rédigée par Bossuet, qui est promulguée comme loi de l'État. Le pouvoir du pape, auquel les rois ne sauraient être soumis, y est défini comme purement spirituel. Et encore cette puissance spirituelle est-elle limitée par les conciles, ainsi que par les coutumes reconnues du royaume de France et de son Église. Certes le pape a bien une « part principale » dans les questions théologiques, mais son jugement n'est réputé « irréformable » que s'il est validé par l'Église de France.

La révocation de l'édit de Nantes, qui avait tenté de lancer une politique de tolérance à l'égard d'une autre religion que la religion officielle, par l'édit de Fontainebleau, en 1685, illustre la précarité d'une logique de tolérance soumise au bon vouloir du prince. Comme le dira Mirabeau, la puissance qui

Bossuet, évêque de Meaux (ci-dessous), sera le plus illustre théoricien du gallicanisme, en même temps que l'auteur de la *Politique tirée des paroles de l'Écriture sainte*. Tout en reconnaissant au pape une primauté d'honneur et de juridiction, il conteste sa toute-puissance, au bénéfice des conciles généraux dans l'Église et des souverains dans leurs États. En pratique, cela se traduit surtout par une mainmise étroite du souverain français sur les nominations et les décisions des évêques.

aujourd'hui tolère peut très bien, demain, ne plus tolérer. *Tolerare*, en latin, signifie « supporter », ce qui implique la référence à une tutelle. C'est une telle dépendance qui fait problème. C'est pourquoi le nouvel édit de tolérance à l'égard des protestants, promulgué en novembre 1787 à l'initiative de Malesherbes, ne pourra suffire. Il maintient la double ambiguïté politique et juridique d'une problématique de la tolérance. L'heure de la Révolution viendra pour lever cette ambiguïté.

Le *Triomphe de la religion* (ci-dessus), peint par Charles Le Brun sous le règne de Louis XIV, illustre l'emprise totalitaire du catholicisme, qui triomphe dans tous les registres de la vie commune : la vie spirituelle, l'éthique, le droit et la politique.

Le livre noir du cléricalisme

Durant quinze siècles, l'Église a adopté la même démarche. D'abord, elle s'est s'efforcée de réduire ce qu'elle a appellé « hérésie ». S'amputer des « hérétiques », c'est sauver la bonne santé de la communauté des croyants. Même saint Augustin déclare que la « persécution contre les impies » est « juste ». Ainsi sont ordonnés des massacres dont sont tour à tour victimes : les païens dès le règne de Théodose au Ve siècle ; les Bogomiles des Balkans, aux XIe et XIIe siècles ; les Vaudois des Alpes : les Cathares du Languedoc (« Tuez-les tous, Dieu reconnaîtra les siens »).

En 1233, la papauté radicalise et systématise les procédures antérieures de chasse aux hérétiques. Elle crée l'Inquisition, sorte de tribunal de la foi conforme, habilité à mener toute enquête concernant les déviations religieuses, et à pratiquer pour cela les sévices corporels. Ainsi, la bulle pontificale *Ad extirpanda* du pape Innocent IV justifie en 1252 l'usage de la torture, destiné à « extirper » les aveux

En avril 1233, la bulle *Ille humani generis* consacre la naissance officielle de l'Inquisition pontificale, tribunal spécial chargé de la lutte contre les hérésies. Grégoire IX confie cette tâche à l'ordre des Dominicains, auquel il confère des pouvoirs spéciaux. Les premiers inquisiteurs désignés par Rome en Languedoc, où sévit le catharisme, mettent en place des tribunaux spéciaux et commencent leur œuvre répressive dès 1233. Les violences commises par ces tribunaux de la foi provoquent des soulèvements, comme ceux menés par Bernard Délicieux à Carcassonne. Il sera arrêté, jugé (ci-dessus) et condamné à la prison en 1318.

de culpabilité. L'Église lance l'Inquisition contre les Cathares. Les tribunaux de l'Inquisition développent à Toulouse et à Albi leur « enquête sur la perversité hérétique ». L'Inquisition s'illustre également en Espagne dans la chasse aux juifs et aux musulmans soupçonnés de continuer à pratiquer leur religion après les conversions forcées imposées en alternative à l'exil ou à la mort. En 1095, au moment de la première croisade, des massacres avaient été perpétrés à Rouen et à Mayence contre les juifs qui refusaient de se convertir. La répression religieuse s'abat également sur les Lollards au XIVe siècle en Angleterre et au XVe siècle sur les Hussites de Bohème. Lors de la conquête d'une partie du continent sud-américain par les Espagnols, les Aztèques et les Mayas, entre autres, sont convertis par la force. Après la chute de Mexico, en 1519, entre les mains d'Hernán Cortès, et l'effondrement de l'empire aztèque, en 1521, les moines missionnaires usent sans scrupule des violences inquisitoriales contre le paganisme des Indiens. Bartolomé de Las Casas dénoncera les violences commises, s'étonnant qu'elles puissent l'être au nom d'un Dieu réputé miséricordieux et bon.

Le thème chrétien du peuple déicide va nourrir un antijudaïsme qui deviendra antisémitisme par amalgame. Il fera des ravages, dont les tristes pogroms, avec humiliations et persécutions quotidiennes. En 1248, le pape Innocent IV demande l'interdiction du Talmud. En 1267, le pape Clément IV lance l'Inquisition contre les juifs dits « relaps », c'est-à-dire soupçonnés de continuer à pratiquer leur religion alors qu'ils se disent convertis au catholicisme. En Espagne, la répression s'accentue. Les nobles espagnols sont invités à pourchasser tous les *conversos*.

Après un siècle d'activité, l'Inquisition a réussi à éradiquer les grandes dissidences religieuses, qu'elles soient cathare, vaudoise ou juive (ci-dessous, Juifs au bûcher). Son but atteint, elle va pourtant rester active et continuer à traquer les « déviances » sociales et politiques, lesquelles n'entraient pas dans ses compétences d'origine. Ainsi, à partir du XIVe siècle, des liens étroits se forgent entre l'institution inquisitoriale et l'État clérical, qui bénéficie là d'un outil répressif efficace et organisé dont la responsabilité ne lui incombe pas officiellement.

De 1483 à 1498, Torquemada généralise la dimension répressive de l'Inquisition, la *Suprema*, et la met au service de la royauté. En 1492, les rois catholiques d'Espagne, Isabelle de Castille et Ferdinand d'Aragon, organisent l'exil des juifs après avoir multiplié à leur égard les vexations. Au Portugal, en 1540, a lieu un autodafé, puis en 1544 dix-neuf *marranos* sont brûlés vifs à Lisbonne. Si le christianisme comme simple option spirituelle n'est pas responsable de l'antisémitisme, l'Église catholique comme institution théologique source de normes et de conditionnement idéologique l'a été. Le glissement vers le racisme s'est accompli sans que l'Église mette en garde contre une telle façon de vouer tout un peuple à l'opprobre et à la vindicte populaire, alors qu'elle disposait à l'époque des leviers essentiels de l'éducation. L'Espagne du XVe siècle transforme l'antijudaïsme religieux en antisémitisme avoué : les mesures prises contre les juifs convertis au christianisme (les *conversos*) conduisent les familles chrétiennes à faire des recherches généalogiques pour prouver leur « pureté de sang ».

Autre chapitre du livre noir du christianisme : la répression obscurantiste de la pensée scientifique et de la culture en général. Giordano Bruno est brûlé vif en place de Rome, en 1600, pour avoir soutenu que l'univers est infini et n'a pas de centre, car l'Église avait consacré le géocentrisme comme seule doctrine cosmologique conforme au récit biblique de la Genèse. Trente ans plus tard, c'est Galilée qui est contraint d'abjurer le mouvement de la Terre et l'héliocentrisme copernicien, dont il avait pourtant démontré la véracité par ses observations et sa raison.

Le procès de G. Bruno à Rome (ci-dessus, faisant cours) atteste le fanatisme obscurantiste du cléricalisme, attaché à une interprétation littérale de la Bible. Le principe d'autorité, qui veut que l'on ne dise ou n'écrive que ce que l'Église a décidé, prend le pas sur le principe de raison. En haut, Galilée devant ses juges.

Un verdict sans appel est prononcé le 16 juin 1633. Par trois fois Galilée est tenu de jurer qu'il s'est trompé : « Je ne soutiens pas et j'abandonne l'opinion de Copernic ; je n'ai plus de doute et je tiens celle de Ptolémée pour très vraie. Oui la Terre est fixe, au centre du monde. Et puis, je suis entre vos mains, faites de moi ce qu'il vous plaira. » Galilée est mort à Florence le 8 janvier 1642 à l'âge de 78 ans. Sur sa tombe, dans l'église de Santa Croce, l'épitaphe précise : « Et pourtant elle tourne. »

Poètes, auteurs dramatiques, romanciers, savants, sont victimes de la censure chaque fois que leur œuvre est jugée non conforme à l'orthodoxie religieuse. La création par l'Église de l'*Index librorum prohibitorum* (Index des livres interdits), qui ne sera supprimé qu'en 1963, lors du concile Vatican II, illustre cette répugnance répressive devant tout ce qui atteste l'autonomie de la culture et de la pensée. L'émancipation à venir s'inscrira à rebours d'une telle tradition oppressive. Elle résultera des luttes pour la liberté.

❝Le dit Galilée sera appelé à abjurer, condamné à la réclusion, et sommé de ne plus discuter de ses théories sous peine de sanctions infligées aux relaps. Son œuvre, comme celle de Copernic, sera mise à l'Index.❞

Minutes du procès, 1633

INDEX
LIBRORVM PROHIBITORVM,
cum Regulis
confectis per Patres a Tridentina Synodo
delectos, auctoritate Sanctiss.
D.N. Pii IIII, Pont. Max.
comprobatus.

ROMAE,
Apud Paulum Manutium, Aldi F.
M D LXIIII.
IN AEDIBVS POPVLI ROMANI.

« Je veux […] l'État chez lui et l'Église chez elle. » En janvier 1850, à la Chambre des députés, Victor Hugo lance cette formule emblématique. Cinquante-cinq ans avant la loi de séparation, il résume le double sens de l'émancipation laïque : affranchir l'Église du contrôle de l'État et délivrer celui-ci de la mainmise religieuse. Dès lors, l'État comme puissance publique pourra être celui de tous, sans hiérarchie des options spirituelles.

CHAPITRE 3

L'ÉMANCIPATION LAÏQUE : UN PROCESSUS TOURMENTÉ

La déliaison de l'Église et de l'État qui intervient après le vote de la loi de séparation de 1905 est l'aboutissement d'un long processus qui avait dû surmonter des préjugés tenaces. À droite, caricature de Léandre parue dans *Le Rire* à la suite du vote de la loi de 1905 où l'on voit le ministre des cultes Bienvenu-Martin, couper le lien qui unit Marianne et l'Église.

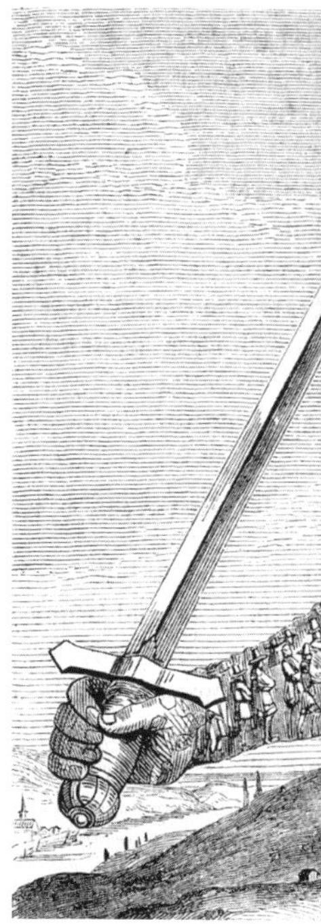

Jusqu'à la veille de la Révolution française, les persécutions religieuses continuent à faire des victimes. La religion réformée elle-même n'échappe pas à la tentation de réduire au silence ses détracteurs, comme l'atteste l'assassinat du philosophe Servet sur ordre de Calvin, à Genève. Dominée, une religion tend toujours à défendre la liberté et l'égalité. Dominante, elle cherche à préserver ses privilèges.

Les fondements philosophiques de la résistance à l'oppression religieuse

Venue des philosophes, entre autres, la résistance à l'oppression religieuse s'enracine dans le legs de toute une culture de la pensée critique. La première source de résistance est l'humanisme grec. La liberté de conscience trouve son fondement dans la volonté d'une pensée autonome, chère aux philosophes Socrate, Aristote, Épictète et bien d'autres. La conscience humaine ne peut être que libre, et les stoïciens en font une « citadelle intérieure ». Socrate, pour conforter cette liberté, invite à la réflexion personnelle. Ne pas prendre une croyance erronée pour un savoir véritable : tel est le premier pas vers la sagesse. Quant au dogmatisme religieux, il est clairement contesté par Protagoras l'agnostique.

L'universalisme des stoïciens, qui avec Marc-Aurèle se disent « citoyens du monde », stipule qu'il n'y a plus de raison d'opposer les hommes entre eux du fait de leurs origines, de leurs cultures, ou de leurs croyances respectives, qu'elles soient religieuses ou non.

L'invention de la démocratie et de l'égalité politique a lieu elle aussi en Grèce, notamment à Athènes. L'esclavage en réduit le champ d'application, mais au moins le modèle politique est prêt, qui ne demandera que son extension à tous les hommes. Quant à la conduite régie par une éthique définie aussi comme un art de vivre, Épicure montre qu'elle n'a nul besoin de religion.

Les principes de la sagesse et de la tempérance, comme de l'amitié universelle qui fait de tout homme un être à respecter et à aider s'ancrent dans la raison autonome des hommes, comme dans l'organisation de la cité.

De la pensée libre des philosophes grecs à la lutte pour la tolérance que fonde l'humanisme de la Renaissance (Montaigne, puis Bayle et Érasme) il y a une filiation nette. Quant à la philosophie rationaliste du siècle classique avec Descartes, Spinoza, et d'autres, elle fonde l'émancipation intellectuelle et le rejet des obscurantismes religieux. Descartes pose les bases de l'autonomie de jugement, notamment dans le premier précepte de la méthode, énoncé pour assurer à l'esprit sa propre maîtrise : « ne recevoir jamais aucune chose pour vraie, que je ne la connusse évidemment être telle » (*Discours de la Méthode*). Spinoza, dans le quinzième chapitre du

Dans son ouvrage *Le Léviathan*, le philosophe Hobbes donne le nom d'un monstre marin de la Bible à l'État, qu'il qualifie aussi de « Dieu mortel ». L'État, conçu comme le garant de l'unité politique, réunit en lui les attributs du chef spirituel et du chef militaire, comme l'indique sa représentation : il tient le glaive et la crosse d'évêque. Son corps est formé d'une multiplicité d'individus, compris ainsi comme membres du corps politique. Page de gauche, buste de Socrate.

Traité théologico-politique, dénonce l'obscurantisme des théologiens. Quant à Locke, il refuse le contrôle du pouvoir politique sur les convictions spirituelles. Mais il le fait de façon ambiguë en manifestant sa méfiance de principe à l'égard des athées et des « papistes » (c'est-à-dire des catholiques).

La collusion des pouvoirs politique et religieux rencontre chez les monarchomaques des critiques résolues. À l'opposé des juristes qui étayent l'absolutisme monarchique sur un corpus hétéroclite de doctrines héritées du droit romain et du droit canon, ainsi que des prescriptions de la théocratie pontificale, ils s'attaquent au despotisme des monarques absolus. Le pouvoir politique, dans la problématique du droit naturel, ne peut résulter que d'un consentement fondateur : bref, il ne tient plus sa légitimité d'on ne sait trop quelle délégation divine, mais d'un accord mutuel qu'on appellera bientôt « contrat » pour en signaler la dimension juridique volontaire et non subie.

Dans le champ des croyances religieuses, un tel esprit d'émancipation et de raison conduit certains penseurs à prendre leurs distances avec les interprétations littérales qui justifient le pire, ainsi qu'avec certains thèmes des textes sacrés qui à leurs yeux reflètent davantage les préjugés historiques de leurs auteurs que la parole supposée de Dieu. Averroès pour l'islam, Spinoza pour le judaïsme, Richard Simon et Thomas d'Aquin pour le christianisme ont fondé le principe d'une « herméneutique »

Thomas d'Aquin (1228- 1274), flanqué ici de Platon et d'Aristote (ci-dessous), illustre la difficile tentative de conciliation entre l'héritage rationaliste de la philosophie grecque et les exigences de la foi chrétienne.

des textes sacrés, lecture critique et distanciée, délivrée de tout fidéisme littéral.

L'esprit des Lumières

Les philosophes des Lumières vont dénoncer les persécutions religieuses perpétrées au nom de la religion. En 1762, Voltaire s'élève contre l'exécution du protestant Jean Calas, à Toulouse, le 10 mars de la même année, accusé à tort d'avoir tué son fils pour l'empêcher de se convertir au catholicisme. C'est à cette occasion que Voltaire publie le *Traité sur la tolérance* où il soutient que l'ordre politique n'a nul besoin d'une contrainte religieuse. Quatre ans plus tard, il s'indigne de l'assassinat « légal » du chevalier de la Barre, libre penseur. Montesquieu dénonce lui aussi la persécution religieuse, dans *L'Esprit des lois*. Rousseau participe également au combat, avec sa *Lettre à Christophe de Beaumont*, son *Contrat social*, et ses *Lettres écrites de la montagne*. Diderot, dans le *Supplément au voyage de Bougainville* et dans *La Religieuse*, pourfend les préjugés religieux et leur oppose l'existence d'une capacité éthique naturellement inscrite dans l'homme. Helvétius, d'Holbach et nombre d'encyclopédistes portent à son apogée le combat pour la raison et les Lumières, et tracent le programme d'une émancipation que la Révolution de 1789 fera entrer dans les faits.

TRAITÉ

SUR LA

TOLÉRANCE,

A l'occaſion de la mort de Jean Calas.

CHAPITRE PREMIER.

Hiſtoire abregée de la mort de Jean Calas.

Calas, accusé à tort d'avoir tué son fils pour l'empêcher de se convertir au catholicisme, a été victime de calomnies dictées par des préjugés religieux. Torturé puis exécuté, il sera réhabilité *post mortem* grâce à l'action de Voltaire (1694-1778) [ci-dessus, recevant la famille Calas].

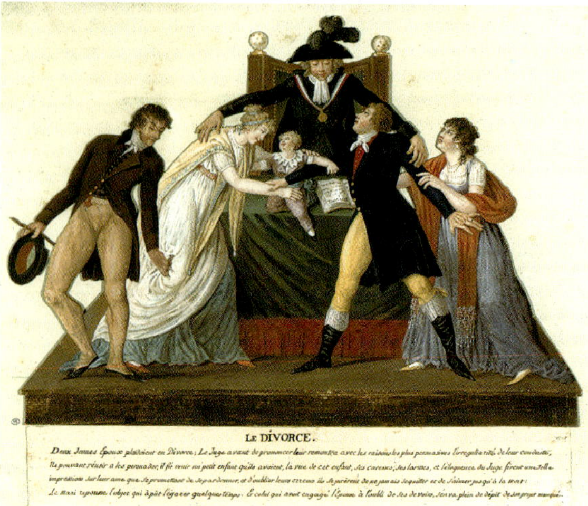

La loi votée par l'Assemblée législative en septembre 1792 fait table rase des « liens indissolubles » du mariage en instituant le divorce républicain (gravure ci-contre) : « La faculté de divorcer résulte de la liberté individuelle, dont un engagement irrévocable serait la perte. » Trois grands cas de divorce sont prévus par les textes : consentement mutuel, incompatibilité d'humeur ou cause déterminée (démence, crime, abandon...). Le divorce républicain sera confirmé par le code civil de 1804.

« Nul ne peut être inquiété pour ses opinions, même religieuses... »

Saluée par Hegel comme une « splendide aurore », la Révolution française constitue une véritable refondation. Elle n'établit plus un pouvoir de domination, mais une souveraineté, source d'autorégulation. Mais surtout, la Révolution inscrit la liberté dans la nature essentielle de tout homme. En affirmant que « les hommes naissent et demeurent égaux et libres en droit », la Déclaration des droits de l'homme et du citoyen du 26 août 1789 stipule que liberté et égalité sont natives, et ne sauraient donc dépendre du bon vouloir du prince.

Sur ce point la rupture est totale avec l'Ancien Régime, constitué de trois ordres, dont l'Église est le premier, à côté de la noblesse et du tiers-état. Elle l'est également avec le système des corporations, qui concrétisent l'inégalité juridique des hommes et la subordination de l'individu à un groupe. La seule souveraineté légitime provient désormais de l'union volontaire des citoyens dans une nation maîtresse d'elle-même, indépendante de toute sujétion à une religion dominante, et formée par des individus dégagés de toute allégeance à une communauté particulière. La liberté de conscience de chacun et de tous va de pair avec la souveraineté du peuple.

Le refus de tout pouvoir d'un groupe particulier, de toute féodalité locale s'exprime avec force dans l'article 3 de la même Déclaration : « Le principe de toute souveraineté réside essentiellement dans la nation. Nul corps, nul individu ne peut exercer d'autorité qui n'en émane expressément. »

L'article 10 de la Déclaration met un terme aux discriminations liées à la religion : désormais, « nul ne peut être inquiété pour ses opinions, même religieuses, pourvu que leur manifestation ne trouble pas l'ordre public établi par la loi ». La liberté de culte est accordée aux minorités (protestantes et juives). En 1791, l'état civil est dégagé de la tutelle religieuse. Le mariage civil, le divorce et les enterrements civils sont instaurés.

Dans cette allégorie, la Révolution tire une corde qui déséquilibre et met à bas les piliers de l'Ancien Régime : la couronne monarchique, la croix d'un clergé qui légitimait la domination sociale et politique des puissants, la noblesse aux vêtements d'apparat s'effondrent avec tous leurs privilèges. La chute simultanée de la couronne et de la croix est celle de l'ordre théologico-politique qui faisait du monarque un représentant de Dieu sur la Terre. La création de l'état civil est le meilleur exemple de la perte de la place hégémonique de l'Église catholique dans l'espace public. Ainsi, ceux qui ne figuraient pas sur les registres paroissiaux devinrent des citoyens à part entière.

Condorcet : « rendre la raison populaire »

L'instruction publique est également dévolue à l'État. Désormais conçue comme exclusivement laïque, elle peut s'affranchir de toute tutelle religieuse ou idéologique. Le 14 octobre 1791, l'Assemblée législative confie à Condorcet la présidence d'un Comité d'instruction publique. Le « Rapport » qu'il remet le 20 avril 1792 expose le concept d'instruction publique. Selon lui, l'école publique, accueillant tous les enfants sans distinction d'origine ou de conviction spirituelle, ne peut avoir pour mission que d'instruire

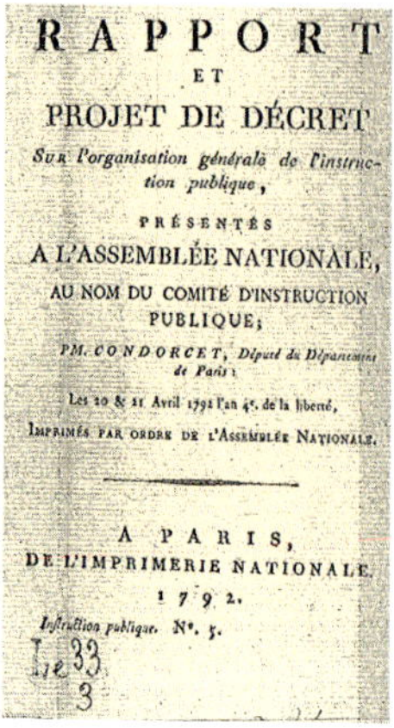
RAPPORT
ET
PROJET DE DÉCRET
Sur l'organisation générale de l'instruction publique,
PRÉSENTÉS
A L'ASSEMBLÉE NATIONALE,
AU NOM DU COMITÉ D'INSTRUCTION PUBLIQUE;
PM. CONDORCET, *Député du Département de Paris;*
Les 20 & 21 Avril 1792 l'an 4e. de la liberté,
IMPRIMÉS PAR ORDRE DE L'ASSEMBLÉE NATIONALE.

A PARIS,
DE L'IMPRIMERIE NATIONALE.
1792.
Instruction publique. N°. 5.
Le 33
3

Le 21 avril 1792, Condorcet (1743-1794) [page de droite], philosophe et mathématicien, présente à l'assemblée son « Rapport » sur l'instruction publique (ci-dessus) qui inspirera un siècle plus tard les fondateurs de l'école républicaine. Il y recommande un enseignement gratuit, non obligatoire, identique pour les filles et pour les garçons, avec sélection des élèves au mérite (ci-contre, remise des prix) et continuité du cursus scolaire.
Il assigne à l'école la tâche de transmettre au peuple l'héritage des Lumières et souligne le rôle décisif d'une telle instruction publique pour la formation du citoyen libre et éclairé.
Il préconise une éducation étrangère à tout principe confessionnel et fait le pari de l'intelligence, et du seul mérite personnel.

afin de libérer, c'est-à-dire d'assurer la maîtrise de connaissances qui comme telles sont universelles, contrairement aux croyances, qui sont particulières. L'école ainsi définie est laïque, c'est-à-dire qu'elle est de tout le peuple par son universalité même, comme par sa finalité.

Après Descartes et Spinoza, Voltaire et Rousseau, le développement du droit naturel nourrit une nouvelle approche juridique. Au moment de l'émancipation révolutionnaire, la pensée laïque va trouver un de ses théoriciens les plus remarquables dans la personne de Condorcet. Dans l'*Esquisse d'un tableau historique des progrès de l'esprit humain*, paru en octobre 1793, il s'attache à mettre en évidence le progrès des sociétés humaines, tant dans l'avènement de l'idéal d'émancipation que dans le développement des moyens scientifiques et techniques de l'accomplissement humain. En homme des Lumières, il dégage la portée politique libératrice de la raison, contre les facteurs d'obscurantisme, dont notamment le cléricalisme religieux.

En creux, se dessine la condition de l'émancipation : l'instruction du peuple, propre à « rendre la raison populaire », et pour cela l'indépendance absolue de l'école, comme de l'État et des grandes institutions publiques, à l'égard de la religion. Dans le sillage des idéaux révolutionnaires, Condorcet souligne le caractère insuffisant de la « tolérance » pratiquée sous l'Ancien Régime, car elle signe l'inégalité entre les hommes, et atteste la domination d'une religion. Là où dominent les catholiques, ils « tolèrent », ou ne tolèrent pas les protestants. Et inversement, comme on le voit avec Locke lui-même, qui déclare ne pas tolérer les « papistes ».

“La Constitution, en reconnaissant le droit que chaque citoyen a de choisir son culte, ne permet point d'admettre, dans l'instruction publique, un enseignement qui, en repoussant les enfants d'une partie des citoyens, détruirait l'égalité des avantages

sociaux et donnerait à des dogmes particuliers un avantage contraire à la liberté des opinions.”
Condorcet

La première formulation de la séparation de l'État et des Églises

Dès le départ, la Révolution avait tenté de régler le problème des rapports entre une religion socialement dominante – le catholicisme – et le nouvel État, selon les exigences de la souveraineté du peuple et des droits de l'homme. Le 2 novembre 1789, les biens du clergé sont mis à la disposition de la nation. Le 13 février 1790, les ordres religieux sont supprimés, et le 12 juillet 1790, l'Assemblée constituante vote la Constitution civile du clergé.

Dès lors, la souveraineté populaire n'entend plus obtenir une allégeance, mais faire respecter des lois qui ne doivent plus rien à la tutelle religieuse. Si les ministres du culte continuent à être rétribués comme le sont des fonctionnaires publics, ils doivent néanmoins s'engager à être fidèles aux lois et à la nation, comme le stipule une décision du 27 novembre 1790 par laquelle l'Assemblée exige des prêtres un serment de fidélité à la Constitution.

Robespierre est à l'origine du culte de l'Être suprême : « L'idée de l'Être suprême est un rappel continuel à la justice, elle est donc sociale et républicaine », déclare-t-il dans son discours du 18 floréal an II (7 mai 1794). Le décret de la Convention émis le même jour proclame que « le peuple français reconnaît l'existence de l'Être suprême et de l'immortalité de l'âme » et planifie des fêtes décadaires. La première a lieu le 20 prairial an II (8 juin 1794) en l'honneur de l'Être suprême (gravure ci-dessous). Condorcet contestera l'instauration d'un tel culte, contraire au primat de la raison.

Le clergé français se scinde alors entre patriotes « jureurs » et « réfractaires » que soutient le pape Pie VI, qui consacre ainsi la rupture de l'Église romaine avec la Révolution. Le même Pie VI condamne explicitement les droits de l'homme, la liberté de conscience et l'égalité, qui constituent à ses yeux « ce que peut suggérer l'imagination la plus déréglée ». Cette crise, à certains égards, souligne la nécessité d'une solution plus nette de séparation des Églises et de l'État. Tel est le sens du décret du 3 ventôse de l'an III du calendrier révolutionnaire (21 février 1795) rédigé sur proposition de Boissy d'Anglas : « Nul ne peut être empêché d'exercer, en se conformant aux lois, le culte qu'il a choisi. Nul ne peut être forcé de contribuer aux dépenses d'un culte. La république n'en salarie aucun. » Ces quelques lignes constituent le premier temps marquant de la laïcisation.

La scission du clergé français se fait entre ceux qui déclarent leur fidélité à l'État de droit issu de la Révolution, les « jureurs » ou « patriotes », et ceux qui refusent de prêter serment car ils perçoivent dans cette obligation une atteinte à l'indépendance de la religion, les « réfractaires », aussi appelés « aristocrates » (ci-dessus, gravure de l'époque). De fait, plus qu'une hostilité de principe à la religion, c'est le caractère pluriséculaire d'une oppression religieuse au service du despotisme monarchique qui avait conduit les révolutionnaires à une telle exigence.

La régression concordataire : 1801-1881

Devenu Premier consul, Napoléon Bonaparte va revenir sur ces acquis en négociant avec le pape Pie VII les termes de la Convention du 26 messidor

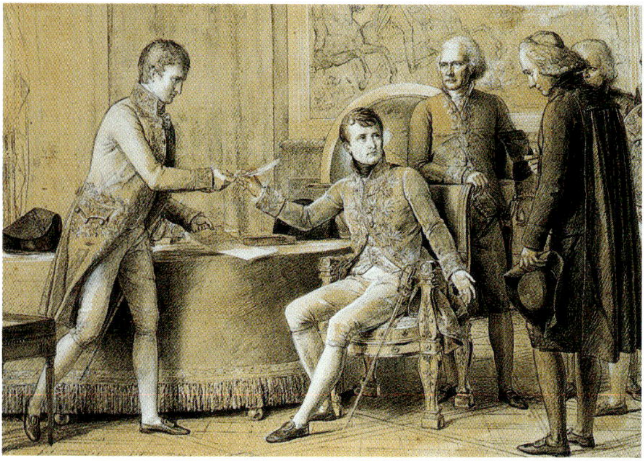

Le 14 juillet 1801 à minuit, date symbolique voulue par Bonaparte, les plénipotentiaires signent le Concordat au terme d'interminables négociations menées par le directeur des cultes, Jean Étienne Marie Portalis (1746-1807) [ci-dessous]. Le pape signe le 15 août et Bonaparte le 8 septembre 1801 (ci-contre). S'il tenta de restaurer les privilèges du christianisme par le Concordat, celui-ci contribua néanmoins à laïciser la société française à travers le code civil de 1804, dont il fut l'auteur.

an IX (14 juillet 1801). La logique des concordats d'Ancien Régime est rétablie. Le catholicisme est qualifié de « religion de la majorité des Français », ce qui est une forme de reconnaissance publique. L'autorité spirituelle du pape sur les évêques est maintenue, mais ils sont nommés par le chef de l'État. Les deniers publics recommencent à financer le culte. Bonaparte fait ajouter au Concordat soixante-dix-sept articles « organiques », d'inspiration gallicane, rédigés par le juriste Portalis, que le pape n'acceptera pas. La loi du 18 germinal an X (8 avril 1802) relative à l'organisation des cultes reprend la Convention et les articles organiques y compris pour le culte protestant. Le culte israélite est organisé par un décret du 17 mars 1808. Les protestantismes (réformé et luthérien) et le judaïsme vont jouir de certains des privilèges des catholiques, en étant reconnus à leur tour : pasteurs et rabbins sont rétribués comme les prêtres catholiques. L'État n'est donc pas laïque.

On ne peut dissocier ce Concordat qui contredit la séparation laïque du fameux « catéchisme impérial » de 1806, qui rétablit l'ancienne alliance du trône et de l'autel. En échange des privilèges publics accordés aux religions reconnues et financées par l'État, le catéchisme impérial exige la légitimation du pouvoir de l'empereur, et même sa sacralisation. Il y est dit que Dieu « a établi Napoléon notre souverain, l'a rendu le ministre de sa puissance et son image sur Terre. Honorer et servir notre empereur est donc honorer et servir Dieu lui-même ». La collusion théologico-politique prend une forme concordataire, qui perpétue les privilèges publics de l'Église en échange d'une belle et bonne légitimation de l'ordre établi. Les religions, options particulières, jouissent d'un statut de droit public, alors que les humanismes athée ou agnostique sont cantonnés dans la sphère privée.

Sous la Restauration (1814-1824) la religion catholique, apostolique et romaine redevient « religion de l'État », même si les autres cultes demeurent libres et gardent leur statut antérieur. Le divorce disparaît, une loi de 1825 punit de mort le sacrilège et les congrégations sont de nouveau autorisées à enseigner. Même si le catholicisme reste la « religion professée par la majorité des Français » sous la monarchie de Juillet (1830), celle-ci va prendre quelques mesures favorables à l'affranchissement de l'école vis-à-vis de l'Église, comme la loi Guizot de 1833 sur l'enseignement primaire qui enjoint chaque commune à ouvrir une école publique dont les instituteurs seront rémunérés par les municipalités.

"Lorsque je saisis le timon des affaires de l'État, j'avais des idées arrêtées sur les éléments qui cohésionnent la société. J'avais pesé toute l'importance de la religion. J'étais persuadé que j'avais résolu de la rétablir."

Mémoires de Saint-Hélène

DÉCRET IMPÉRIAL

CONCERNANT

LA FÊTE DE SAINT NAPOLÉON

ET CELLE DU RÉTABLISSEMENT DE LA RELIGION CATHOLIQUE EN FRANCE.

Bonaparte n'est pas dépourvu d'arrière-pensées lorsqu'il remet en cause la séparation laïque de l'État et de l'Église amorcée par le Directoire. Il entend utiliser la religion pour légitimer l'ordre établi. Les autorités religieuses se prêtent volontiers à un tel rôle puisqu'elles obtiennent en échange la restauration de leurs privilèges publics : reconnaissance de leur utilité sociale supposée, salaires des ministres du culte, financement des lieux de culte, prosélytisme dans les écoles.

La Constitution de la IIe République, proclamée le 4 novembre 1848, consacre la liberté de culte et le catholicisme n'est plus l'objet d'un statut spécial par rapport aux autres religions; mais elle ne met pas en cause le système concordataire. Le ministre de l'Instruction, Hippolyte Carnot, s'efforce sans succès de promouvoir la gratuité de l'école, de la rendre obligatoire et de l'affranchir de tout contrôle religieux.

La loi Falloux

En mai 1848, à l'issue des élections législatives, la droite cléricale accède au pouvoir. Sur sept cent cinquante députés, l'Assemblée législative compte environ cinq cents cléricaux et monarchistes. Cette nouvelle majorité s'empresse, par la voix du député Alfred de Falloux, premier des ministres de l'Instruction publique et des Cultes du prince-président Louis-Napoléon Bonaparte, de restaurer le contrôle clérical sur l'école.

Le 15 mars 1850, Falloux fait voter une loi qui porte son nom, mais recouvre en fait deux textes. Le premier, dit « petite loi », ou loi Parieu (du nom du ministre en place), s'applique à l'enseignement primaire. Il dispense les congréganistes du brevet de capacité pour devenir instituteurs. Le second, la loi Falloux proprement dite, reconnaît deux types d'écoles primaires et secondaires : les « écoles publiques » fondées et entretenues par les communes, les départements ou l'État, et les « écoles libres », fondées et entretenues par des particuliers ou des associations qui sont désormais autorisées. Les deux types d'écoles sont inspectés par les inspecteurs d'académie, les autorités publiques locales et les ministres des cultes. En effet, l'école impose une instruction morale et religieuse, et pour surveiller cet enseignement, les ministres des cultes exercent un contrôle permanent, facilité par un accès sans restriction aux locaux scolaires. Grâce à la loi Falloux, deux cent cinquante-sept écoles secondaires sont créées en deux ans (dont treize collèges

Les discussions entre les antilaïques et les républicains qui précèdent le vote de la loi Falloux à la Chambre inspirent bon nombre de caricatures (ci-dessous, la « Loi sur l'ignorance » par Bertall parue dans *Le journal pour rire* du 23 février 1850, où l'on voit l'école tiraillée entre l'État et l'Église).

L'ambition avouée de la loi Falloux est d'assurer le retour en force des congrégations religieuses dans l'enseignement primaire et secondaire au détriment des écoles laïques. Bien qu'elle porte le nom du comte de Falloux (1811-1886) [ci-dessous caricaturé], elle est l'œuvre de trois hommes : deux catholiques fervents, Mgr Dupanloup et Charles de Montalembert, et curieusement,

d'un anticlérical, Adolphe Thiers. Ce dernier accusait les instituteurs d'avoir été les artisans de la révolte sociale de 1848. Ci-dessus à gauche, salle de classe d'une école primaire dans les années 1850.

de jésuites), tandis que de nombreux instituteurs, soupçonnés de convictions laïques et progressistes, sont révoqués par les préfets. Quant à l'université, elle est organisée en académies départementales dont les conseils comprennent l'évêque ès qualités.

La loi Falloux suscite de vifs affrontements entre républicains, qui dénoncent cette mainmise de l'Église sur l'enseignement, et cléricaux. En 1850, Victor Hugo prononce un discours à la Chambre des députés contre la dérive cléricale de cette loi, discours qui constitue un véritable manifeste de l'idéal laïque d'émancipation par le savoir, facteur de conscience éclairée, et prononce la fameuse formule : « Je veux l'État chez lui et l'Église chez elle. »

La défense de l'école républicaine

Après la publication du *Syllabus* (1864) par Pie IX, dans lequel sont dénoncées pêle-mêle la liberté de conscience et les diverses formes de l'émancipation humaine, l'anticléricalisme se développe parmi les écrivains et les penseurs ; il gagne le mouvement ouvrier et s'étend chez les républicains.

Edgar Quinet s'illustre aux côtés de Victor Hugo dans la défense du principe d'une école républicaine laïque. La libre-pensée se développe; elle en appelle au libre examen et au rejet du dogmatisme religieux, et insiste sur la dimension libératrice de la raison. Mettant en avant les ressources d'un humanisme critique, elle développe une nouvelle figure de la spiritualité, sans référence religieuse, et fondée sur un rationalisme exigeant, ouvert aux grandes conquêtes de la culture humaine universelle.

Le second Empire poursuit la politique cléricale, à l'exception de Victor Duruy, ministre de l'Instruction de 1863 à 1869, qui s'oppose aux congrégations.

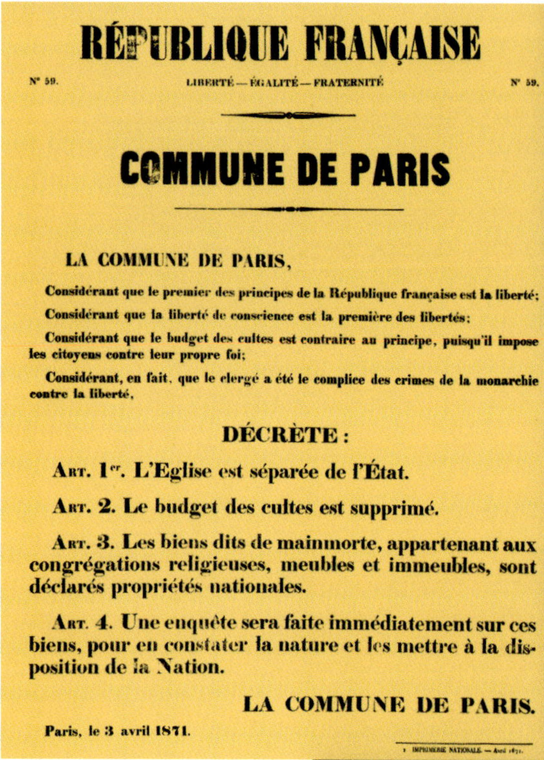

RÉPUBLIQUE FRANÇAISE

N° 59. LIBERTÉ — ÉGALITÉ — FRATERNITÉ N° 59.

COMMUNE DE PARIS

LA COMMUNE DE PARIS,

Considérant que le premier des principes de la République française est la liberté;

Considérant que la liberté de conscience est la première des libertés;

Considérant que le budget des cultes est contraire au principe, puisqu'il impose les citoyens contre leur propre foi;

Considérant, en fait, que le clergé a été le complice des crimes de la monarchie contre la liberté,

DÉCRÈTE :

Art. 1er. L'Eglise est séparée de l'État.

Art. 2. Le budget des cultes est supprimé.

Art. 3. Les biens dits de mainmorte, appartenant aux congrégations religieuses, meubles et immeubles, sont déclarés propriétés nationales.

Art. 4. Une enquête sera faite immédiatement sur ces biens, pour en constater la nature et les mettre à la disposition de la Nation.

LA COMMUNE DE PARIS.

Paris, le 3 avril 1871.

IMPRIMERIE NATIONALE. — Avril 1871.

L'œuvre laïque de la Commune

La IIIe République est proclamée le 4 septembre 1870, au lendemain de la défaite de Sedan et de l'effondrement du second Empire. Paris est assiégé. Les élections organisées le 8 février 1871 voient le triomphe des conservateurs monarchistes (400 députés) contre les républicains démocrates (200 élus notamment dans les grandes villes). Les premiers, pour l'essentiel, sont défaitistes et cléricaux; les seconds sont patriotes et laïques. L'Assemblée se réunit à Versailles, et nomme Thiers, orléaniste antilaïque, chef de l'exécutif.

À Paris, le mouvement patriote et laïque, uni à l'essentiel du mouvement ouvrier, refuse le défaitisme et veut engager la République dans des réformes politiques et sociales. Le 18 mars 1871, Paris se révolte, et se constitue en Commune. Outre les avancées sociales et la transformation du mode de gouvernement, que Marx saluera, les Communards vont promouvoir résolument la laïcisation des institutions publiques et de l'école. Il ne s'agit pas tant de lutter contre la religion comme telle que d'en finir avec sa mainmise sur l'enseignement, synonyme de conditionnement des consciences, voire d'obscurantisme.

En écho au décret révolutionnaire de 1795, la première formulation nette du principe de séparation des Églises et de l'État est promulguée par un décret du 2 avril 1871 dont les termes anticipent largement la loi du 9 décembre 1905 : « La Commune de Paris, Considérant que le premier

❝La Commune organisera l'enseignement public sur les bases les plus larges possibles. Mais elle a dû d'abord veiller à ce que, désormais, la conscience de l'enfant fût respectée, et rejeter de son enseignement tout ce qui pourrait y porter atteinte. L'école est un terrain neutre sur lequel tous ceux qui aspirent à la science se doivent rencontrer et se donner la main. C'est surtout dans l'école qu'il est urgent d'apprendre à l'enfant que toute conception philosophique doit subir l'examen de la raison et de la science.❞

Journal officiel du 12 mai 1871

des principes de la République française est la Liberté; Considérant que la liberté de conscience est la première des libertés; Considérant que le budget des cultes est contraire au principe, puisqu'il impose les citoyens contre leur propre foi; Considérant, en fait, que le clergé a été le complice des crimes de la monarchie contre la liberté,

La restitution des édifices publics à la neutralité est une condition *sine qua non* pour que soient respectés à la fois l'égalité des croyants et des athées et le caractère universel de ce qui incarne la puissance publique. Une telle décision reconduit la religion à l'espace privé de ceux qui en sont les fidèles. Les crucifix sont donc ôtés là où ils n'ont pas lieu d'être (ci-dessus, dans une école de la Ville de Paris, en 1881).

Décrète: Article Ier: l'Église est séparée de l'État. Article II: le budget des cultes est supprimé. Article III: les biens appartenant aux congrégations religieuses sont déclarés propriété nationale. »

Le 17 mai, Édouard Vaillant a fixé le cap: « La révolution communale affirme son caractère socialiste par une réforme de l'enseignement assurant à chacun la véritable base de l'égalité sociale, l'instruction intégrale à laquelle chacun a droit. » Pour la première fois dans l'histoire, l'instruction primaire est laïque, gratuite, et obligatoire. Un projet d'instruction des jeunes filles est élaboré. L'égalité des sexes est à l'ordre du jour, et elle va de pair avec l'émancipation laïque. En mai 1871, la Commune de Paris est écrasée par Thiers, avec la complicité de l'envahisseur prussien. Si l'œuvre scolaire et laïque de la Commune n'a pu être appliquée, elle marque le deuxième grand moment de l'émancipation laïque, après la Révolution française.

La déconfessionnalisation de la vie publique

En 1879, les républicains gagnent l'élection présidentielle et deviennent majoritaires à la Chambre et au Sénat. Ils s'empressent de reprendre le combat laïque, dont Gambetta avait bien marqué le sens dans une déclaration du 27 septembre 1872 : « Ne dites donc pas que nous sommes les ennemis de la religion, puisque nous la voulons assurée, libre et inviolable. » L'ambition républicaine n'est pas de s'attaquer à une croyance, mais d'émanciper l'État et l'école de toute emprise cléricale.

La déconfessionnalisation de la vie publique commence dès 1880 avec la suppression de l'obligation du repos dominical. En 1881, les cimetières perdent tout caractère confessionnel. Le délit d'outrage à la vie religieuse est aboli. En 1884, la révision des lois constitutionnelles qui établissaient la IIIe République donne l'occasion de supprimer les prières qui ouvraient les travaux parlementaires. En 1887, les enterrements civils sont de droit. Le personnel des hôpitaux est laïcisé, ainsi que les bâtiments. Les crucifix disparaissent des tribunaux. En 1889, le droit au divorce est rétabli.

L'instruction primaire publique devient laïque, gratuite (loi Ferry du 16 juin 1881) et obligatoire pour les enfants des deux sexes de 6 à 13 ans (loi Ferry du 28 mars 1882). La séparation de l'Église et de l'école publique s'accomplit par une triple laïcisation.

Élu à la Chambre en 1869, Jules Ferry (1832-1893) [ci-dessous] s'intéresse très vite à la question scolaire. Le 10 avril 1870, il prononce à Paris un discours sur « l'Égalité d'éducation » dans lequel il fait le serment de consacrer toute son énergie à « l'éducation du peuple ». En 1879, il devient ministre de l'Instruction publique et, en 1880, chef du gouvernement. Dès lors, il ne cesse de combattre pour la laïcité de l'école en essayant d'y limiter les ingérences cléricales. Au lendemain du vote de la loi de 1882 qui porte son nom, il envoie une circulaire aux instituteurs qui, selon lui, sont les meilleurs garants de l'ordre républicain et de la démocratie, pour leur expliquer le sens de la loi, la nécessité de la laïcisation de l'école et pour définir les principes et les méthodes qui doivent régir l'enseignement laïque.

L'affaire Dreyfus (ci-dessus, le capitaine Dreyfus devant le conseil de guerre en décembre 1894) aura pour effet de convaincre les républicains de l'irréductibilité du cléricalisme catholique. Les assomptionnistes de *La Croix* s'affichent largement du côté des antidreyfusards. Là encore, l'antijudaïsme chrétien frôle l'antisémitisme. Cette radicalisation fera basculer bien des partisans du Concordat du côté de la séparation. En effet, l'attitude de nombre de catholiques persuade les Républicains de leur manque de loyauté à l'égard de la République.

D'abord celle des locaux : on ôte crucifix et statues religieuses des salles de classe, tandis que l'enseignement religieux doit désormais être dispensé en dehors des heures de cours. Le jeudi devient jour de repos scolaire, également libéré pour permettre aux parents qui le désirent de faire dispenser la catéchèse à leurs enfants, en dehors de l'école. Ensuite, la laïcisation du personnel : les congrégations doivent laisser la place à des instituteurs laïques (loi Goblet du 30 octobre 1886). Enfin celle des programmes : l'instruction morale et civique laïque se substitue à l'instruction morale et religieuse. En 1888, les subventions accordées aux écoles privées sont supprimées.

L'inévitable rupture

De 1880 à 1886, l'action républicaine pour la laïcisation de l'école est conduite alors que le régime concordataire est encore en vigueur. Deux affaires accélèrent la séparation : l'affaire Dreyfus, dans laquelle l'Église et notamment les catholiques assomptionnistes du journal *La Croix* jouent un rôle de boute-feu antisémite, et la rupture avec le Vatican. Mais il s'agit là de catalyseurs, car la formule de la séparation est de mieux en mieux comprise, chez les républicains, comme le dispositif juridique le plus adéquat à une laïcité véritable. Elle rompt en effet avec les ambiguïtés du régime concordataire. L'indépendance stricte va prendre le pas sur l'interdépendance tendue, et donner à la République la portée universelle qui lui faisait défaut tant qu'une catégorie de citoyens – les croyants – jouissait d'un privilège.

En 1904, un conflit avec le Vatican éclate à la suite des agissements des évêques de Laval et de Dijon. Les deux prélats sont convoqués à Rome, en violation des articles organiques, qui, pour la France, font partie du Concordat. Dans *L'Humanité* du 21 juillet 1904, Francis de Pressensé dénonce le Concordat, « ce néfaste pacte », cette « inconcevable bouillabaisse concordataire ».

Émile Combes, président du Conseil de mai 1902 à janvier 1905, mène sans faiblesse l'expulsion des congrégations en accord avec la loi de juillet 1901 qui interdisait de fait l'enseignement aux congréganistes. Mais pour autant, il n'envisage pas de mettre en cause le Concordat, car il y voit un moyen de contrôler l'Église, qu'il considère comme un adversaire politique. Le « Rapport » de Paul Bert, en 1883, attestait déjà cet état d'esprit. Après de vaines tentatives de négociation, le 29 juillet 1904, Combes décide « de mettre fin à des relations qui, par la volonté du Saint-Siège, se trouvent être sans objet ». La Chambre confirme la fermeture de l'ambassade de France au Vatican le 25 novembre 1904,

Très libérale, la loi de 1901 fournit ses bases juridiques à la liberté des associations. Celles qui entendent dispenser un enseignement placé sous tutelle religieuse doivent demander une autorisation, plus ou moins facilement accordée. Sur ce point, Combes s'illustre par une politique très rigoureuse, voire restrictive, qui se traduit par de nombreux refus d'autorisation. L'expulsion des congrégations donne lieu à des manifestations de la part de certains fidèles (ci-dessous).

après avoir voté, malgré tout, le 24, le budget des cultes. Le 18 décembre, une « journée laïque de la séparation des Églises et de l'État » est organisée par la Ligue des droits de l'homme, au Trocadéro. Le 30 juillet 1905, la rupture des relations diplomatiques avec le Vatican est effective. C'est le lever de rideau de la séparation des Églises et de l'État.

La loi de séparation du 9 décembre 1905

Le 23 mai 1905, Jaurès écrit dans *L'Humanité* que la mise à l'étude de la séparation laïque ouvre « la lutte décisive entre la France moderne et les prétentions les plus exorbitantes de la théocratie la plus audacieuse et la plus aveugle ». La loi du 9 décembre 1905 est adoptée par 341 députés contre 233, et 181 sénateurs contre 102. Elle est publiée au *Journal officiel* du 11 décembre. Les principaux artisans de la loi de séparation, réunis dans la commission des Trente-trois, sont Aristide Briand, socialiste indépendant et rapporteur, Jean Jaurès, socialiste unifié et chef du groupe socialiste à la Chambre, et Ferdinand Buisson, radical-socialiste, président de la commission. Cette loi consacre la fin du régime concordataire (sauf pour l'Alsace et la Moselle, occupées par l'Allemagne depuis 1871). Elle formule deux principes fondateurs, indissociables, regroupés sous le même titre de « Principes ». Selon l'article Ier, la République « assure la liberté de conscience [...] garantit le libre exercice des cultes [...] dans l'intérêt de l'ordre public. Selon l'article II, elle « ne reconnaît, ne salarie ni ne subventionne

Émile Combes (1835-1921), affublé par ses détracteurs du sobriquet de « petit père Combes », passe pour un anticlérical de choc, sectaire et borné. Le personnage est en réalité plus complexe. Spiritualiste convaincu, Combes mène une lutte active contre les congrégations pour contrer leur stratégie de reconquête antilaïque en œuvre depuis les lois Ferry et Goblet. Bête noire de certains catholiques, il est souvent caricaturé en satan cornu « bouffeur de curés » (à gauche).

aucun culte ». Les religions n'ont donc plus de statut public reconnu, leurs ministres du culte ne sont plus des fonctionnaires publics salariés par l'État. Enfin, celui-ci ne subventionne aucun culte, ce qui signifie que désormais, tant juridiquement que financièrement la religion devient une affaire privée.

Le texte de la loi prévoit néanmoins que les édifices publics du culte, propriété de l'État depuis la Révolution, resteront affectés à leur destination traditionnelle, tout en faisant partie du patrimoine artistique et culturel de la nation. Ce double statut est essentiel. On ne peut confondre le culturel et le cultuel, ni glisser de l'un à l'autre pour prétendre restaurer un financement du culte par l'État. Quoi qu'il en soit, l'essentiel pour les fidèles est qu'ils puissent continuer à jouir de leurs lieux de culte.

Deux hommes ont particulièrement œuvré à la loi de 1905. Aristide Briand (1825-1932), le rapporteur (ci-contre, à la tribune), saura concilier l'affirmation claire des principes laïques et la mise en évidence de leur compatibilité avec la liberté des cultes. Ferdinand Buisson (1841-1932) [ci-dessus], nommé en 1879 à la direction de l'enseignement primaire par Jules Ferry, alors ministre de l'Instruction publique, participe à la mise en œuvre du programme républicain concernant l'école primaire (lois sur la laïcité et la scolarité obligatoire). Rédacteur de la notice « laïcité » du *Dictionnaire de pédagogie* Hachette (1881) et auteur de *La Foi laïque*, il insiste sur la dimension positive de l'idéal laïque, levier d'émancipation.

Les caricaturistes se firent l'écho du débat passionné qui divisa la France au moment du vote de la loi de 1905. Page de gauche, Combes, inspiré par le souffle de Voltaire, dont la tête s'inscrit dans un triangle maçonnique, symbole d'égalité, s'apprête à trancher le lien qui unit l'État et l'Église. Ci-dessus, les effets escomptés de la séparation : effondrement du Concordat, retour des personnels religieux à l'indépendance de la sphère privée, figurée ici en risque de noyade. Ci-contre, un prêtre lance ses imprécations contre l'école laïque.

La subversion cléricale

La République est généreuse, car la mise à disposition des églises est gratuite, et requiert seulement la constitution d'associations cultuelles chargées de gérer les édifices du culte. Pour cela, l'inventaire des biens doit être effectué, afin que soit clairement répertorié le patrimoine de l'État.

D'abord entamés dans le calme, les inventaires vont être une occasion pour les forces cléricales de susciter des troubles parfois violents et de travestir une exigence légitime de recensement des avoirs publics en violence faite à la religion. Les premiers incidents éclatent à Paris le 1er février 1906 à la suite de la publication par la presse catholique des instructions données à la direction général de l'Enregistrement par le gouvernement au sujet des modalités des inventaires. Un détail fait scandale : l'ouverture des tabernacles, pour en inventorier le contenu. Certains catholiques crient à la persécution. La réaction de l'Église catholique, et notamment de la papauté, est

Les inventaires étaient destinés à dénombrer les biens publics dont l'usage allait être confié aux associations cultuelles. Ils furent présentés comme une intrusion intolérable dans les lieux de culte, et certains ecclésiastiques n'hésitèrent pas à susciter des manifestations en faisant croire que la liberté de culte était menacée. Ainsi, le 1er février 1906, jour prévu pour l'inventaire, l'église Sainte-Clotilde, située dans le VIIe arrondissement de Paris, à deux pas de la Chambre des députés, est barricadée lorsque le préfet Lépine s'y présente (ci-contre). Les forces de l'ordre enfoncent les grilles, forcent la porte, entrent sous les projectiles, reçoivent des chaises. Mais la résistance aux inventaires, menée par des laïcs parmi lesquels de nombreux royalistes, ne fait pas l'unanimité dans le clergé. L'abbé Mugnier, vicaire de Sainte-Clotilde, écrit dans son journal son mépris pour les fauteurs de troubles : « Ces pieux apaches qui pratiquent l'apologétique du coup de canne. Que cette anarchie catholique est loin de l'Évangile ! À quoi aboutirons-nous avec ces résistances ? »

d'abord violente. Le 11 février 1906 l'encyclique *Vehementer nos* condamne le principe de la séparation et encourage les catholiques français à s'opposer aux inventaires des biens ecclésiastiques. Le 10 août 1906, l'encyclique *Gravissimo offici* s'oppose à la formation des associations cultuelles catholiques prévues par la loi pour l'administration civile des biens de l'Église. Le Denier du culte est créé pour subvenir aux besoins du clergé. L'article 28 de la loi prévoit également que les emblèmes religieux devront être ôtés de tous les édifices publics, afin que la neutralité de ceux-ci puisse rendre manifeste leur finalité universelle. Là encore, des résistances se produisent, mais dans l'ensemble la loi sera appliquée.

La République fera plus tard une concession, en acceptant que les associations diocésaines, c'est-à-dire organisées selon un découpage administratif propre à l'Église, se substituent aux associations cultuelles. Mais l'esprit de la laïcisation demeure : les associations de croyants n'ont pas à jouir d'un statut spécial par rapport aux autres types d'associations. Leur caractère privé demeure. La laïcité a enfin reçu sa traduction juridique et son cadre institutionnel.

20e Arrt
2004
ANNÉE DE LA
LAÏCITÉ

Dans un monde où les fanatismes religieux et les dérives communautaristes se développent, l'idéal laïque doit être réaffirmé. Même là où il semble l'avoir emporté, il est encore contesté, notamment par ceux qui entendent restituer aux religions leurs privilèges publics. Porteur d'émancipation et d'égalité, il est néanmoins de mieux en mieux reconnu à l'échelle mondiale.

CHAPITRE 4

L'IDÉAL LAÏQUE AUJOURD'HUI

L'école laïque accueille tous les enfants, sans distinction d'origine, de sexe, ou d'option spirituelle. C'est dire qu'elle illustre et met en œuvre le principe d'égalité, conjugué au souci de l'universel, ce qui réunit les hommes au lieu de les opposer. Libre de toute allégeance religieuse ou idéologique, elle ne se soucie guère de nier ou d'affirmer les différences qui sont déjà bien assez présentes dans la société civile.

La nostalgie des privilèges perdus

La loi de séparation de 1905, qui met fin au régime concordataire en vigueur depuis Napoléon, n'est pas un pacte laïque à proprement parler. En effet, elle n'a pas été négociée entre deux parties consentantes, mais votée par les représentants du peuple et violemment rejetée par l'Église, notamment par le pape Pie X. Dans les régions sous forte influence catholique, la vie a été rendue difficile aux instituteurs laïques, voire aux élèves qui fréquentent l'école laïque. « C'est un devoir rigoureux d'envoyer vos enfants à l'école chrétienne. L'Église interdit de fréquenter l'école neutre », précise la lettre pastorale des cardinaux et évêques de France du 14 septembre 1909, adressée aux parents du diocèse de Dijon. La séparation laïque a eu pour effet de réassigner la religion à la sphère privée. La volonté de retrouver un statut de droit public n'a jamais vraiment quitté certains représentants de l'Église catholique. C'est elle qui anime l'idéologie de la « laïcité ouverte », masque verbal du combat antilaïque. Elle conduit à la mise en cause périodique de l'indépendance de la sphère privée comme du traitement égalitaire de toutes les options spirituelles.

Le cas de l'Alsace-Moselle

La première grande occasion de tester l'attitude de l'Église à l'égard de la laïcité s'offre avec le problème de l'Alsace-Moselle (Haut-Rhin, Bas-Rhin, Moselle). Sous tutelle allemande depuis 1871, la région est toujours sous régime concordataire (maintenu par l'Allemagne lors de son annexion) au moment où elle redevient française, en 1918. Après la guerre, le projet d'extension de la loi de séparation entend

La laïcisation de l'école n'a pas été bien acceptée par le cléricalisme religieux, qui avait pris l'habitude de conditionner les consciences et de modeler l'éducation selon sa vision du monde. C'est que lui échappait désormais le principal lieu d'application de son prosélytisme. D'où une lutte sourde ou avouée contre la « laïque », accusée de tous les maux, et dénigrée sans ménagement. Cette caricature de l'instituteur présenté comme un caporal imposant les principes républicains au lieu de faire valoir les valeurs traditionnelles exprime l'esprit d'une telle polémique. À droite, salle de classe d'Alsace-Moselle vers 1920.

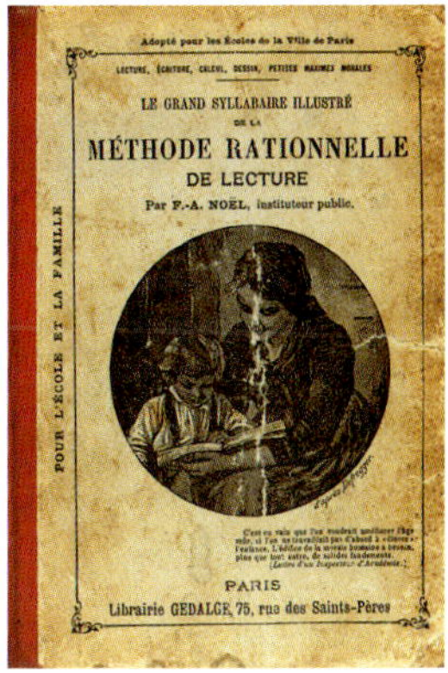

L'apprentissage de la lecture pour tous (ci-dessus, manuel vers 1920) réalise le rêve de Condorcet : fonder la liberté de chacun sur le savoir maîtrisé et son autonomie de jugement.

mettre un terme aux privilèges financiers et scolaires du Concordat : rétribution des quatre cultes reconnus (catholique, luthérien, calviniste, judaïque), possibilité d'intervenir dans l'école publique pour y faire du prosélytisme. Ces deux dispositions sont doublement incompatibles avec la Constitution et les droits de l'homme. Elles contreviennent au caractère indivisible de la République, puisque la même loi ne s'applique pas partout. Elles bafouent le principe d'égalité des citoyens, puisque les humanistes athées ou agnostiques n'ont pas les mêmes droits d'être rétribués et de promouvoir leur vision du monde dans les écoles. L'obligation faite aux familles athées ou agnostiques de solliciter une dérogation pour dispenser leurs enfants des cours de religion est discriminatoire. Nombre de laïques font observer que l'inverse ferait scandale : des cours d'humanisme athée donnés dans les écoles publiques, financés par l'État, et assortis de l'obligation pour les familles de croyants

de solliciter une dispense seraient sans doute mal vécus. Il est vrai que parallèlement, les avantages sociaux hérités de la politique bismarkienne, également en vigueur en Alsace-Moselle du fait de l'occupation allemande, ont valorisé le « statut local ». D'où l'amalgame pratiqué sans cesse par les bénéficiaires du Concordat entre des choses pourtant différentes.

Le ministère du Cartel des gauches conduit par Édouard Herriot (juin 1924-avril 1925) a entrepris d'appliquer la loi de séparation à l'Alsace-Moselle. Il a rencontré une violente résistance cléricale et renoncé finalement à son projet. L'attachement de l'Église aux privilèges du Concordat est encore manifeste aujourd'hui.

Préserver la neutralité de l'école

La question de la neutralité de l'école publique laïque se pose déjà au moment du Front populaire (1936-1939), notamment à travers la question de la tenue des élèves. Dès 1937, le ministre radical socialiste de l'Instruction publique, Jean Zay, rédige deux circulaires qui interdisent les tenues et les signes religieux ou politiques dans l'enceinte des établissements scolaires. Cette interdiction ne concerne pas que les enseignants et les locaux; elle s'applique aussi aux élèves. Le principe en est simple : l'école ouverte à tous est faite pour l'étude, sereine et paisible, des grands acquis de la culture humaine, et non pour la manifestation des clivages identitaires. Elle ne peut donc être livrée aux conflits de la société, ni aux groupes de pression religieux ou idéologiques qui la dominent ou s'y affrontent, voire entendent censurer les contenus d'enseignement. Vecteur des valeurs universalistes de la République, dont l'égalité des sexes, des peuples, et la liberté de la personne, elle ne peut non plus consacrer en son sein des manifestations d'appartenance ou de soumission qui contreviennent à ces valeurs. Cette indépendance de l'école est la condition de sa mission libératrice, et de son rôle de préparation à un espace civique commun.

La position de la hiérarchie catholique face au régime de collaboration avec les nazis a été dans bien des cas compromettante. Si certains prêtres ont protégé des résistants ou des enfants juifs voués à la déportation, nombre de prélats ont manifesté leur allégeance intéressée au régime de Vichy (ci-dessous, le maréchal Pétain à la sortie de l'église Saint-Louis de Vichy en 1942). Ce régime restaure le financement public des écoles religieuses, battant en brèche les lois de 1881-1886 et de 1905.

La laïcité meurtrie : la collaboration pétainiste

Le principe établi depuis la loi Goblet de 1886 selon lequel les fonds publics doivent être consacrés exclusivement à l'école publique perdure jusqu'au sombre épisode de l'occupation nazie. Le pétainisme et la collaboration avec l'occupant vont permettre à l'Église de faire que ce principe soit remis en cause. Une partie de la hiérarchie catholique soutient le régime de Pétain et obtient de lui de substantiels avantages, qui sont autant d'entorses à la laïcité. En Espagne, l'Église fait la même chose avec le dictateur Franco, dont elle a appuyé la « croisade » pendant toute la guerre d'Espagne.

L'idée que l'école doit tenir à distance les manifestations religieuses ou politiques, notamment sous la forme du port de signes distinctifs, a conduit Jean Zay (1904-1944 [ci-dessus]) à rédiger des circulaires très claires. Dans le contexte troublé des menaces factieuses contre le Front populaire, il s'agit de préserver l'école des menées cléricales et politiques. L'application symétrique de l'exigence laïque aux élèves comme aux professeurs est destinée à promouvoir un climat de sérénité indispensable à l'étude, tout en préservant le sens universaliste de l'école publique.

L'archevêque de Burgos, Diaz Gomara, étant allé jusqu'à clamer : « Bénis soient les canons si dans les brèches qu'ils ouvrent fleurit l'Évangile. »

Dans la France de l'Occupation, les mesures antilaïques interviennent en même temps que nombre de mesures discriminatoires et liberticides. Le 13 août 1940, une loi dissout la franc-maçonnerie. Le 3 septembre, la loi du 7 juillet 1904 qui supprimait l'enseignement congréganiste est abrogée. Le 18 septembre, les écoles normales d'instituteurs, suspectes en raison de leur caractère laïque, sont supprimées. Le 3 octobre, une loi portant sur le statut des Juifs leur interdit tout exercice des fonctions publiques. Une loi du 21 novembre réintroduit l'enseignement religieux dans les écoles publiques. Enfin, le 2 novembre 1941, est créée une caisse de financement des écoles privées catholiques, qui procède par versements de fonds directement aux évêchés, puis les caisses des écoles publiques seront tenues de financer les écoles privées. Le 25 décembre 1942 est votée une loi qui donne la capacité civile et testamentaire aux associations cultuelles catholiques.

À la Libération, il s'agit de fermer au plus vite la parenthèse du pétainisme. Le parti communiste français, entre autres, mène campagne (affiche ci-dessus). Le prestige qu'il s'est acquis, en raison notamment de son rôle au sein de la Résistance, donne à son action un écho certain. Le plan Langevin-Wallon, destiné à promouvoir l'enseignement public, a marqué l'engagement de la Résistance dans un programme de réaffirmation de la laïcité.

Une entorse à la laïcité : la loi Debré

Bien que la plupart des lois antilaïques de Vichy aient été abrogées à la Libération, le combat pour la préservation de la laïcité se fait plus dur dans les années qui suivent la guerre, en raison de la volonté de reconquête de l'Église. À tel point qu'en août 1951, un Comité national de défense laïque est créé. Malgré la grande pétition nationale pour la défense de l'enseignement laïque du 11 septembre 1951, deux lois antilaïques sont votées : la loi Marie du 25 septembre 1951, qui ouvre une ligne de crédits pour l'attribution de bourses indifféremment à des élèves provenant d'établissements publics ou privés, et la loi Barangé, du 28 septembre 1951, qui crée une allocation d'enseignement versée directement aux associations des parents d'élèves des établissements privés.

Après l'avènement de la Ve République, un coup plus dur encore est porté à la laïcité scolaire, alors même que l'article premier de la Constitution rappelle que la France est une « république indivisible, laïque, démocratique et sociale ».

Dans les villages les plus reculés comme dans les banlieues ouvrières, l'instituteur, « hussard noir de la République », incarne l'effort majeur de la République pour mettre le savoir à la portée de tous (ci-dessous, scène ordinaire de la vie scolaire). Son respect de la neutralité confessionnelle, son éthique liée au mandat qu'il a reçu de faire le pari de l'intelligence et de la culture, son souci d'instruire sans inculquer, font de lui un des artisans de l'émancipation intellectuelle, prélude à l'émancipation sociale.

La loi Debré du 31 décembre 1959 sur les rapports entre l'État et les établissements d'enseignement privé permet aux écoles privées, confessionnelles à 95 %, de recevoir des crédits publics dans le cadre de contrats d'association qui leur reconnaissent un « caractère propre » mal défini et juridiquement flou.

La loi Debré fait obligation aux écoles privées subventionnées de respecter la liberté de conscience, c'est-à-dire de n'imposer aucun enseignement religieux à des élèves qui ne souhaiteraient pas le recevoir. Financées par des fonds publics, ces écoles ne doivent en principe utiliser cet argent que pour promouvoir l'intérêt commun à tous, et rendre complètement facultative toute catéchèse. Or au nom de leur « caractère propre », nombre d'établissements entendent imprégner tout leur enseignement de la conviction religieuse, et font en sorte, notamment par l'enclavement des cours de religion dans l'horaire des disciplines générales, qu'ils soient pratiquement obligatoires alors qu'ils sont en principe facultatifs.

Le 19 juin 1960, une grande manifestation laïque, assortie d'une pétition de 10 813 697 signatures, est organisée à Vincennes pour protester contre la loi Debré. En vain. Les manifestants se séparent en faisant le serment de poursuivre la lutte pour son abrogation et d'« obtenir que l'effort scolaire de la République soit uniquement réservé à l'École de la Nation, espoir de notre jeunesse ».

Reflux et résistance de la laïcité : 1960-1994

Avec la loi Debré, la Ve République a consacré une sorte de recul de la laïcité. En 1981, l'arrivée de la gauche au pouvoir s'assortit d'un programme de relance laïque. Il s'agit de créer un grand service public d'éducation, unifié et laïque, intégrant toutes les écoles qui reçoivent des fonds publics. Le réseau des écoles privées à financement propre n'est pas concerné par un tel projet, qui opère une sorte de retour à l'idée que les fonds publics ne doivent financer que des écoles publiques ou assimilées. Cela implique que le fameux « caractère propre » des écoles privées soit reconsidéré, et réassigné au libre choix des familles, sans subvention de l'État. L'éducation de type religieux doit redevenir en tout état de cause une option financée par les seuls intéressés, et nettement distinguée des horaires normaux des cours. Ce qui en principe est incompatible avec une imprégnation de tout l'enseignement par l'esprit religieux, comme ce serait également le cas pour une éventuelle imprégnation par l'humanisme athée. La gauche au pouvoir tarde à agir, et il faut des manifestations laïques entre 1982 et 1984

La loi Debré du 31 décembre 1959 encadre les rapports entre l'État et les écoles privées en définissant les obligations réciproques des deux partenaires. Le secteur privé de l'éducation est soumis à des obligations de service public, comme l'unité des programmes et le respect de la liberté de conscience. La loi Debré a entraîné, autour du Comité national de défense laïque (CDAL) créé en 1951, une intense mobilisation populaire.

Les adversaires de la laïcité prétendent que cette loi est compatible avec la laïcité, alors qu'elle bafoue la loi Goblet et l'article II de la loi de 1905. (Ci-contre, la manifestation à Vincennes du 19 juin 1960, au cours de laquelle plusieurs centaines de milliers de personnes prononcent un « serment laïque ».) L'acceptation ou le refus de la loi Debré deviendra la ligne de partage entre les défenseurs de la laïcité et ceux qui sont prêts à la renier sous prétexte d'adaptation. Ci-dessous, une affiche de Jean Effel en faveur de l'école laïque (1969).

pour qu'un projet voit le jour, sous la houlette du ministre de l'Éducation, Alain Savary. Projet très modéré, qui ménage même aux écoles privées sous contrat une large autonomie propice au maintien de leurs particularités sous le couvert du « projet d'établissement ».

Malgré cette concession de taille, les partisans de l'école privée remportent une victoire idéologique en faisant passer le projet pour une machine de guerre contre la liberté d'enseignement, alors qu'à l'évidence il n'en est rien. Ils organisent une manifestation très importante à Versailles, où le cardinal Lustiger reprend cette

À dix années d'intervalle, deux manifestations vont réunir un nombre similaire de personnes. L'une contre la laïcité, à Versailles, en 1984 (ci-contre); l'autre pour la laïcité, à Paris, en 1994 (à droite). Dans le premier cas, les partisans de l'école privée s'insurgent contre le projet Savary, conforme aux promesses électorales de François Mitterrand. L'esprit du projet est de mettre à profit la contractualisation du financement des établissements privés – en application de la loi Debré – pour tenter de rapprocher les deux réseaux de scolarisation: public et privé sous contrat. Pour cela, tout établissement scolaire est invité à se singulariser par un projet propre. Malgré cela, les tenants de l'école privée prétendent que le projet met en cause la liberté d'enseignement. L'ampleur de leur mobilisation débouche sur le retrait du projet.

accusation polémique et montre le visage d'une hiérarchie catholique mal ralliée à la laïcité. Le président de la République, François Mitterrand, fera retirer le projet Savary, enterrant un des projets majeurs de la gauche. La loi du 25 janvier 1985, de Jean-Pierre Chevènement, limite les crédits à l'école privée, et décentralise en partie leur subventionnement.

Une dizaine d'années plus tard, c'est au tour de l'offensive antilaïque du gouvernement Balladur d'être contrée avec succès par la résistance des partisans de la laïcité. Le ministre de l'Éducation,

François Bayrou, a en effet préparé un projet de loi qui déplafonne le montant légal des subventions allouées aux écoles privées. La limite résultait d'un dispositif de la loi Falloux. Le 16 janvier 1994 une immense manifestation laïque se déroule à Paris pour réclamer le maintien de cette limite. Une décision du Conseil constitutionnel en date du 13 janvier a déjà censuré le projet d'élargissement des subventions. Le gouvernement bat en retraite.

Par un paradoxe de l'Histoire, c'est une disposition de la loi Falloux (dont l'esprit général est antilaïque) limitant le taux des subventions aux écoles privées, qui se trouve au cœur du conflit de 1994. En effet, le gouvernement a élaboré un projet de déplafonnement des subventions, qui revient à supprimer cette limite. Les partisans de l'école laïque descendent alors dans la rue, et leur imposante manifestation (ci-dessus) aboutit au retrait du projet.

Désenchantements et fondamentalismes

Ainsi, jusque dans les années 1990, la laïcité de la République française se maintient globalement, malgré des attaques et des entorses qui montrent que sous un ralliement apparent certains responsables catholiques n'ont pas renoncé à reconquérir des privilèges temporels dans l'espace public.

Or parallèlement, depuis environ une décennie, un contexte international et national inédit va conduire à une nouvelle mise en cause de la laïcité. Sur fond de crise des espérances collectives en un monde plus juste, d'aggravation de la situation économique et sociale des anciens pays colonisés, mais aussi d'interrogations sur un mode de développement qui brouille la confiance dans le progrès technique et scientifique, on assiste à la réactivation fondamentaliste des traditions religieuses. Dans un contexte de déshérence multiforme, celles-ci semblent offrir un ressourcement identitaire voire une possibilité de revanche collective au regard de ce qui est perçu comme une modernité déshumanisante.

L'apparition de nouvelles figures du dénuement dans les pays développés ne peut qu'accréditer cette vision, car elle donne au progrès une allure cruellement paradoxale. D'où le mirage idéologique d'un nécessaire retour à la tradition originelle de chaque religion, à ses fondements purs et durs (ce qu'exprime littéralement le mot « fondamentalisme »). Ce mirage est particulièrement fort pour les pays qui perçoivent le nouvel ordre international comme une forme d'empire inavoué de la seule superpuissance existante depuis la dissolution de l'Union soviétique. Dans ce cas, les conditions sont réunies pour associer le rejet d'une logique de domination impérialiste travestie en droit international et le refus de la modernité scientifique et technique, voire démocratique.

Les résurgences fondamentalistes prennent une tournure différente. Dans les pays riches, elles se constituent comme une sorte de revanche contre les Lumières et la raison émancipatrice, amalgamées à la déshumanisation mercantiliste de la vie et à l'absurdité apparente d'une modernisation qui s'assortit de nouvelles détresses. Un diagnostic spécieux permet alors aux visions religieuses les plus rétrogrades d'associer laïcisation et

La résurgence des fondamentalismes concerne les trois grands monothéismes. Les protestants *born again* – influents auprès de l'actuel président des États-Unis, George W. Bush (ci-dessous) – ont réussi à investir largement la société civile, et à faire du lobbying sur l'État. De nouveaux types d'appels à la « guerre sainte » montrent que tous les intégrismes religieux sont aujourd'hui bien vivaces.

naufrage du sens, émancipation et désenchantement. Pour accréditer une telle explication, les causes économiques et sociales du processus en jeu sont passées sous silence.

Aux États-Unis, le fondamentalisme protestant des chrétiens *born again* prend un sens franchement rétrograde et obscurantiste. Dans les pays récemment décolonisés, l'application aveugle d'un mode de développement inspiré des anciennes puissances coloniales, souvent assorti d'une corruption chronique, provoque un profond rejet, aggravé par un contexte international où la domination impérialiste se travestit en ordre juridique, disqualifiant la référence au droit voire à la démocratie et aux droits de l'homme, perçus comme une litanie mystifiante. De là à mettre en cause l'émancipation laïque des sociétés humaines et des pouvoirs politiques, il n'y a qu'un pas, vite franchi par les religieux fondamentalistes.

La *fatwa* de l'imam Khomeiny (ci-dessus, représenté sur une peinture murale) appelant à la mise à mort de l'écrivain britannique Salman Rushdie après la parution de ses *Versets sataniques* en 1989, illustre à la fois l'obscurantisme et la brutalité de l'islamisme politique.Celui-ci, par exemple, applique aux femmes un traitement discriminatoire et leur impose une tenue vestimentaire expressive de leur assujettissement (le voile, voire la *burka*).

L'apparition de ce qu'il faut appeler l'« islamisme politique », à distinguer de l'islam comme simple religion, intervient dans ce contexte. Il s'agit alors de prétendre tirer de la religion un ordre politique enfin délivré de toute compromission, les règles religieuses prises de façon littérale étant d'emblée érigées en lois contraignantes. L'imam Khomeiny incarne ce mouvement avec d'autant plus d'aisance que le chah d'Iran a associé modernisation économique et dictature. Son retour en Iran pour y promouvoir une « république islamique » va prendre une valeur emblématique.

Islam ou islamisme politique ?

En France, jusqu'à cette émergence de l'islamisme politique, l'immigration d'origine maghrébine n'était nullement une source de problème en ce qui concerne la laïcité. Ceux qui se reconnaissaient dans la religion musulmane vivaient dans le cadre laïque sans percevoir de contradiction entre celui-ci et leur foi. La chose allait d'autant mieux de soi que l'émancipation laïque avait justement relativisé l'emprise du catholicisme sur la société, en affranchissant largement le droit et les institutions de sa tutelle.

La république laïque fonde l'intégration sur des principes de droit universels et non sur le privilège d'une vision religieuse particulière. Mais cette vertu intégratrice va se trouver brouillée et décrédibilisée par un phénomène socio-économique. De fait, les populations issues de l'immigration sont fréquemment victimes de discriminations plus ou moins sourdes, soit à l'embauche soit au logement, et ne jouissent nullement de l'égalité des chances qui devrait correspondre à l'égalité des droits pourtant proclamée. Tout se passe alors comme si les beaux principes de la République sonnaient faux, puisque les conditions concrètes d'existence semblent les démentir.

Un tel contexte va donner au fondamentalisme islamiste son terreau de développement. Une présentation fallacieuse impute alors à l'État de droit laïque et républicain ce qui en réalité est imputable à l'exploitation sociale et aux attitudes de discrimination. À la fin des années 1980, prenant prétexte de l'injustice sociale, les fondamentalistes islamistes mettent en cause la république laïque et les émancipations qu'elle permet. Ils exploitent le mot d'ordre apparemment généreux du « droit à la différence » pour en appeler à une « nouvelle laïcité », qui consisterait à reconnaître des droits particuliers aux populations issues de l'immigration. Droits dits collectifs, voire culturels, mais non individuels. Ces droits feraient exception à la loi commune de la République, et prépareraient la

La présence en France d'environ cinq millions de personnes issues de l'immigration maghrébine ou turque ne permet pas d'affirmer qu'il s'agit de cinq millions de musulmans. Nul recensement de la population selon l'appartenance religieuse n'est d'ailleurs possible, ni légitime, car attentatoire à la sphère privée. Reste que l'islam est devenu une religion très présente, même si ses adeptes se reconnaissent en elle de façon très diversifiée (simple référence culturelle ou culte assidu).

constitution de communautés dont les membres seraient assujettis à des normes religieuses issues de traditions souvent rétrogrades, notamment en matière d'inégalité des sexes ou d'enseignement. La pression communautariste au nom de la religion a pour premières victimes les femmes jugées coupables de vivre selon les valeurs de l'émancipation laïque. Elles sont accusées de trahir leur « culture », voire de manquer au devoir de solidarité avec le groupe. C'est alors qu'apparaissent les premières revendications et manifestations d'appartenance religieuse dans les écoles publiques.

D'après la loi de 1905, nul financement public des lieux de culte n'est concevable et ce, quelle que soit la religion en jeu. En revanche, la promotion d'une véritable égalité des droits sociaux doit permettre à ceux qui se reconnaissent dans l'islam de se cotiser pour financer la construction de leurs lieux de culte. Celle-ci, selon l'article II de la loi de 1905, reste du ressort des seuls fidèles.

L'affaire de Creil

L'affaire commence au collège Gabriel-Havez à Creil (Oise) le 18 septembre 1989. Trois jeunes filles musulmanes sont exclues de leur collège parce qu'elles se sont présentées en cours la tête couverte d'un voile. Le proviseur, qui vient d'interdire le port de kippas au nom de la laïcité, justifie ce renvoi en dénonçant le voile comme étant « une atteinte à la laïcité et à la neutralité de l'école publique » et constituant « une pression idéologique sur les autres élèves tout en perturbant les relations avec les professeurs ». L'affaire va connaître un retentissement médiatique important. La presse quotidienne et hebdomadaire révèle que le cas de Creil n'est pas isolé, que dans de nombreux établissements scolaires ce genre d'incident se répète. Le Conseil d'État est finalement saisi, et rend le 27 novembre 1989 un avis qui sera confirmé le 2 novembre 1992 : « Le port, par les élèves, de signes par lesquels ils entendent manifester leur appartenance à une religion n'est pas par lui-même incompatible avec la laïcité », sauf s'il constitue « un acte de pression, de provocation, de prosélytisme ou de propagande ». Des enseignants et des intellectuels de tous bords prennent alors position pour la réaffirmation de la neutralité laïque de l'espace scolaire, invoquant notamment les circulaires de Jean Zay. À partir de 1989, on va dénombrer chaque année environ quatre cents « incidents » dans les établissements scolaires, nombre qui s'élève à trois mille en 1994. L'avis du Conseil d'État apparaît de plus en plus problématique dès lors qu'il revient à abandonner le sort de la laïcité à la géométrie variable des rapports de force locaux.

SAMEDI 21 ET DIMANCHE 22 OCTOBRE 1989

Libération

VOILES ISLAMIQUES : LE DEBAT S'AMPLIFIE

LE DEFI A LA LAIQUE

L'affaire des lycéennes musulmanes de Creil, qui refusent de retirer en classe leur foulard islamique, fait tâche d'huile. Après Avignon, deux autres polémiques ont éclaté à Lille et Montpellier. Derrière ces voiles, c'est tout le problème de l'adaptation de la laïcité qui est posé. Harlem Désir, président de SOS-Racisme et Areski Dhamani, responsable de France-Plus s'en expliquent pour «Libération». Lire page 2.

RETRO PHOTOS

BUDGET : LA RECETTE DU 49.3

EXILES DE RDA : JOURS D'OUEST

F1 : L'ENJEU JAPONAIS

Dernière Sortie pour Brooklyn

Face à la multiplication des incidents en milieu scolaire entre 1989 et 1994, la presse se fait alarmiste (ci-dessus, une de *Libération* lors de l'affaire de Creil). En réalité, l'affaire dite « du voile » pose un problème plus vaste, qui concerne toutes les manifestations d'appartenance religieuse. Veut-on oui ou non préserver le lieu scolaire de l'atmosphère conflictuelle qui est incompatible avec une mission d'instruction et d'éducation ?

L'enjeu de la laïcité scolaire

Très souvent, les jeunes filles voilées sont manipulées par des groupes politico-religieux aux menées franchement antilaïques, et contraintes de porter le signe de leur propre asservissement ; il arrive parfois qu'elles le fassent de leur plein gré pour affirmer une identité qu'elles jugent bafouée par un environnement socio-économique discriminatoire. La complexité de la question est donc réelle, mais elle tient surtout à une confusion des plans.

Les partisans de la tolérance à l'égard des signes religieux invoquent les discriminations sociales et économiques pour en appeler au refus d'une « autre exclusion », comme si une telle tolérance pouvait jouer un rôle compensatoire. Les partisans d'une réaffirmation laïque font remarquer qu'on ne résout pas un problème social en renonçant à une exigence émancipatrice sur le plan juridique et politique. À leurs yeux, la lutte sociale contre les discriminations peut aller de pair avec une authentique laïcité, qui soustrait l'espace scolaire à la guerre des dieux pour y promouvoir ce qui unit tous les hommes par-delà leurs « différences ». Ils soulignent que ce n'est pas la jeune fille comme telle qui est exclue, mais la manifestation d'appartenance : l'être doit être distingué des emblèmes qu'il porte, sauf si on considère que ceux-ci lui collent à la peau, lui déniant ainsi toute liberté de s'en distancier. Si la jeune fille est contrainte, l'interdit laïque met cette contrainte hors jeu dans le champ de l'école.

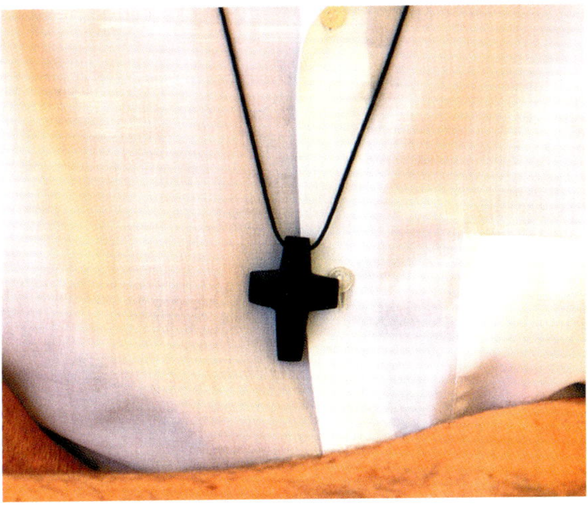

Une certaine couverture médiatique peut produire la stigmatisation qu'elle prétend dénoncer, en titrant sur « l'interdiction du voile », de même qu'en entretenant la confusion entre religion, culture et peuple. À cet égard, parler de « racisme » à propos de la critique d'une religion porte la confusion conceptuelle à son comble. En matière de manifestations religieuses, la même exigence s'applique à la croix charismatique en buis des catholiques et à la kippa. Une telle règle ne stigmatise donc pas une religion, encore moins une composante particulière de la population.

En 1994, le tribunal de Clermont-Ferrand confirme une exclusion, en affirmant que « [le voile] est un signe d'identification marquant l'appartenance à une obédience religieuse extrémiste d'origine étrangère; cette obédience a des visées internationales, et se réclame d'une orientation particulièrement intolérante, elle refuse aux personnes de sexe féminin le bénéfice de l'égalité, elle cherche à faire obstacle à une intégration des Français et des étrangers de confession musulmane à la culture française en s'opposant au respect de la laïcité, et prône la prééminence des règles religieuses dont elle se fait la zélatrice sur le droit français, au profit du triomphe espéré d'institutions nouvelles subordonnant à la religion la conduite des affaires de l'État ». À Flers, les professeurs, quasi unanimes, exigent l'application de la laïcité, et leur courage va faire exemple. Reste que la multiplication des cas, longtemps minimisée au nom du pragmatisme, conduit à une véritable crise qui appelle une réponse politique.

Quinze années de crise larvée montrent que l'avis du Conseil d'État se révèle insuffisant au regard de la

L'égalité des sexes va de pair avec l'émancipation laïque. C'est ce que rend manifeste la naissance du mouvement fondé par Fadela Amara en 2003, « Ni putes ni soumises ». Formule choc, en référence à la triste alternative dans laquelle le fanatisme religieux islamiste prétend enfermer les femmes lorsqu'elles refusent de porter le voile qui marque leur infériorisation : se soumettre, en se voilant, et alors être respectée, ou se révolter et alors être traitée comme une prostituée, avec ce que cela suppose de violences.

montée en puissance des pressions communautaristes, qui mettent à rude épreuve les proviseurs et les enseignants, chargés en somme de produire du « droit local », alors que le territoire de la République est en principe indivisible, et que la laïcité, principe constitutionnel, devrait s'y traduire partout selon les mêmes exigences. D'où l'idée qu'une réaffirmation réglementaire selon des modalités à définir est peut-être nécessaire. Le caractère concerté de l'offensive antilaïque est attesté entre autres par la parution d'un livre signé du docteur Abdallah sous le titre *Le Foulard en République : mode d'emploi*, où sont exposés les différents moyens de manifester impunément son allégeance religieuse dans l'école publique, et d'en bafouer ainsi la laïcité. Surtout, des mouvements de femmes, comme Ni putes ni soumises, fondé par Fadela Amara, alertent sur le fait que très souvent le port obligatoire du voile va de pair avec le mariage forcé, et un statut subalterne de la femme.

En janvier 2004, quelques centaines de personnes ont protesté contre la réaffirmation de la laïcité dans l'espace scolaire, revendiquant le droit de manifester l'appartenance religieuse sans tenir compte des exigences propres à l'institution républicaine et laïque de l'école. Celle-ci n'accueille tous les enfants qu'à la condition de rendre possible leur coexistence harmonieuse, et d'éviter pour cela l'envahissement de son espace propre par la guerre des dieux. Interpellée par une femme voilée qui brandit le drapeau tricolore (ci-dessus), la République française peut rappeler que ce n'est pas à la laïcité qu'il revient de s'adapter aux religions mais aux religions elles-mêmes de faire cet effort d'adaptation. En 1905, le catholicisme avait dû y consentir.

La commission Stasi

En juillet 2003, le président de la République, Jacques Chirac, prend l'initiative de nommer une commission d'experts présidée par Bernard Stasi, et destinée à réfléchir sur l'application du principe de laïcité en France. Ses travaux débouchent, après plus de cent cinquante auditions, sur un rapport assorti de propositions, dans lequel la commission attire l'attention des pouvoirs publics sur quelques points qui intéressent directement le renforcement de la laïcité. L'esprit du rapport est celui d'une grande loi de réaffirmation de la laïcité, et de ce point de vue les dispositions qu'il propose sont solidaires. Ce caractère global, irréductible à la seule question des manifestations d'appartenance religieuse, est

essentiel pour éviter tout effet de stigmatisation. Ainsi, le fait que de nombreuses communes de France, notamment dans l'Ouest, ne disposent pas d'école publique alors que des écoles privées y jouissent de fonds publics a été relevé comme anormal. De même, a été rappelée la nécessité de traiter de la même façon toutes les options spirituelles. Les options religieuses et les options athée ou agnostique ne peuvent être hiérarchisées. Nul privilège fiscal ou accès préférentiel aux médias ne peut être accordé aux unes ou aux autres. En ce qui concerne l'Alsace-Moselle, il a été proposé de mettre un terme au système qui privilégie l'enseignement religieux à l'école, notamment en commençant par en faire une option bien distincte de l'enseignement normal commun, et mise en place seulement pour ceux qui le demandent. Bien sûr, une approche laïque conséquente irait au-delà, en demandant l'abrogation du régime concordataire, qui consacre l'inégalité des croyants et des athées sur un plan plus général. Pour les établissements scolaires, l'idée d'une loi y interdisant les manifestations d'appartenance religieuse est avancée, afin d'en maintenir la dimension émancipatrice par rapport aux pressions des groupes politico-religieux, et d'en protéger la sérénité face aux risques d'affrontements que ne manquerait pas de susciter la logique des manifestations identitaires.

La loi de 2004

La loi proposée est votée par l'Assemblée nationale en mars 2004, malgré l'opposition des diverses obédiences religieuses. D'où le caractère obsolète de l'article 10 de la loi d'orientation de l'école de juillet 1989, qui établissait une dissymétrie d'exigences entre

Laïcité :

La loi proposée interdirai

Constituée pour veiller à l'application du principe de laïcité en France, la commission présidée par Bernard Stasi s'est caractérisée par la grande diversité de ses vingt membres. À l'issue de quelque cent cinquante auditions, elle a remis un rapport globalement soucieux de conforter la laïcité dans les services publics, tout en préconisant d'agir sur les ressorts sociaux des communautarismes. Elle a proposé qu'une loi interdise dans les écoles publiques les tenues et les signes qui manifestent de façon ostensible une appartenance religieuse…

les enseignants, invités à la neutralité vestimentaire, et les élèves, affranchis de cette neutralité. Le rappel du caractère privé des manifestations confessionnelles a fait coup double. Aux groupes intégristes qui veulent que la loi religieuse régisse tous les aspects de la vie, il signifie que la République laïque n'entend pas leur abandonner les institutions publiques et en premier lieu l'école, vecteur d'égalité des sexes et d'émancipation intellectuelle. Aux nostalgiques des privilèges perdus, il exprime la volonté de marquer un coup d'arrêt à la stratégie du grignotage de la laïcité et notamment de la tentative de reconquête d'une reconnaissance publique.

'intégrale du rapport Stasi

l'école « les tenues et signes manifestant une appartenance religieuse ou politique »

Enfin, le volet social du rapport Stasi invite à une politique propre à promouvoir la plénitude de l'égalité des droits et des conditions sociales, car c'est de la détresse éprouvée sur ces plans que naît souvent la tentation du repli communautariste, savamment attisée par les religieux intégristes. On retrouve ici une idée de Jean Jaurès et de Victor Hugo, pour lesquels la République doit être à la fois sociale et laïque, les deux registres d'émancipation se nourrissant mutuellement.

Un nouveau paysage spirituel

Du fait de migrations multiples, les sociétés humaines sont marquées aujourd'hui par une diversité accrue des composantes de leurs populations qui va de pair avec l'affirmation d'un pluralisme religieux. Par ailleurs, l'emprise globale des religions semble avoir régressé dans les consciences, ce qui ne veut pas dire qu'a régressé aussi le goût du symbolique et du merveilleux, ou le besoin de sacraliser ce qui donne sens à la vie et aux relations humaines. Ce sont des choses distinctes. Au titre des

... Elle a également proposé la création de nouveaux jours fériés (Aïd el-Kébir et Kippour) pour que soit mieux pris en compte le pluralisme. Elle a appelé à faire reculer en Alsace-Moselle la discrimination dont les athées font l'objet en rendant optionnel le cours de religion. Elle a aussi rappelé l'État à ses devoirs, notamment en matière de création d'écoles publiques laïques dans les endroits où il n'y a que des écoles privées sous contrat. Enfin elle a élaboré un volet social de la laïcité, en incitant les pouvoirs publics à lutter contre la discrimination à l'embauche ou au logement.

mutations du paysage spirituel, irréductible au seul paysage religieux, il convient de mentionner également la montée des humanismes athée ou agnostique. En France, selon une enquête CSA-*La Vie-Le Monde* de mars 2003, environ six personnes interrogées sur dix déclarent croire en Dieu, les unes fermement, les autres avec une certaine incertitude ; quatre personnes sur dix déclarent en revanche ne pas croire en Dieu, avec la même variation dans l'intensité de la conviction. Les convictions spirituelles des athées et des agnostiques, en progression, ne peuvent être définies de façon simplement négative, par « l'incroyance », puisqu'elles s'assortissent, elles aussi, d'adhésion à des valeurs positives, comme celles de l'humanisme. C'est l'ensemble de ces données que la laïcité se doit de prendre en compte, et non la seule montée en puissance de l'islam. Elle le peut dès lors qu'elle ne vise pas à substituer à la domination traditionnelle de la religion celle de l'athéisme, mais à éradiquer tout principe de domination d'une option spirituelle par une autre. Dans le même esprit, la laïcité ne consiste pas à donner la préférence ou la domination à une culture sur une autre, mais à faire en sorte que les cultures particulières ne servent pas de prétexte ou d'alibi pour bafouer des libertés fondamentales. En France, elle a su libérer l'état civil et les lois régissant les mœurs de la tutelle catholique, et promouvoir ainsi la liberté du divorce comme du mariage, l'égalité du mari et de la femme, la neutralité confessionnelle des institutions publiques. Un siècle après cette mise à distance de la tradition chrétienne, elle a accompli le même travail d'émancipation à l'égard des prétentions de l'islamisme politique. C'est donc une même exigence qui s'applique à toutes les religions, et les purge à tour de rôle de toute volonté dominatrice pour les reconduire à la vocation spirituelle qu'elles revendiquent. Quant aux conséquences pour la culture commune, et pour l'enseignement, d'un tel processus, elles invitent à une approche scolaire laïque non seulement du fait religieux et des univers

La Raison, mensuel de la Libre Pensée (ci-dessous), défend un humanisme articulant le souci du jugement autonome des hommes et la confiance dans les ressources de l'humanité pour faire advenir un monde de justice. On y trouve un discours laïque sans concession,

soucieux de faire reconnaître le véritable pluralisme spirituel. En effet, la diversité des options spirituelles semble de plus en plus ignorée du fait d'une confusion entre ce qui est commun aux religions (œcuménisme) et ce qui est commun à tous les hommes. Ainsi, l'humanisme des libres penseurs athées ou agnostiques est rarement pris en compte. Même la fiscalité française admet la déductibilité des versements au denier du culte, mais pas aux associations humanistes, en infraction à l'article II de la loi de 1905.

mythologiques mais aussi des humanismes athée ou agnostique, c'est-à-dire à une approche sans exclusive de l'ensemble des formes de la vie spirituelle.

La laïcité en Europe

Un rapide tour d'Europe montre que l'aspiration laïque à une séparation des religions et des États se développe indépendamment des réalités institutionnelles, ne serait-ce qu'au nom de l'égalité jointe à la liberté, incompatibles avec le maintien de privilèges publics pour les religions.

Dans le nord et l'est de l'Europe, majoritairement protestants, la religion bénéficie d'un statut public officiel, soit sous la forme de religions nationales (Églises d'État) soit sous la forme d'une reconnaissance assortie de subventions et d'impôts religieux. Mais des évolutions se dessinent dans le sens de la laïcisation : l'Église luthérienne de Suède a été séparée de l'État en l'an 2000 et il en sera bientôt de même pour celle de Norvège, tandis qu'en Finlande, le président de la République a cessé de nommer les évêques. En Grande-Bretagne, le système anglican dans lequel des évêques siègent à la chambre des Lords n'est pas mis en cause, malgré les revendications de mouvements laïques.

En Grande-Bretagne, des évêques anglicans siègent à la chambre des Lords (ci-dessous, avec la reine Elizabeth II en 2004). L'ultralibéralisme de Margaret Thatcher ayant laminé les droits sociaux, les clercs anglicans ont été appelés à jouer un rôle social dans les quartiers les plus déshérités. Il en est de même pour les guides religieux islamistes. Tout se passe alors comme si la question sociale était déléguée à la religion, et réduite à une approche caritative humanitariste.

L'État belge, quant à lui, pratique officiellement la neutralité à l'égard des religions. Il reconnaît six cultes : les cultes catholique, protestant, anglican, orthodoxe, israélite et musulman. Cette « reconnaissance » s'effectue au nom d'une « utilité sociale » des religions et s'assortit de financements divers. Les traitements des ministres du culte sont pris en charge par l'État, de même que les services d'aumôniers dans les hôpitaux, les prisons, les aéroports et à l'armée, tandis que dans les écoles publiques, des cours de religion sont mis en place dès que le nombre d'élèves qui le demandent est jugé suffisant. Mais l'État belge reconnaît et rétribue aussi les organisations « qui offrent une assistance morale selon une conception philosophique non confessionnelle ». La laïcité est assimilée à une simple option spirituelle, dont les tenants forment un « pilier » parmi d'autres. Ils récusent un tel statut, en faisant remarquer que la laïcité n'implique aucune option spirituelle particulière, mais se situe sur un autre plan : celui d'un cadre qui permet à toutes les options de s'affirmer librement, dans la liberté et l'égalité, mais sans disposer d'emprise sur la sphère publique.

Dans le sud de l'Europe, l'influence catholique reste forte, et les processus de laïcisation amorcés s'en ressentent. Le Portugal, l'Espagne et l'Italie ont désormais des Constitutions qui font droit au souci d'émanciper la puissance publique de toute tutelle religieuse, mais la tradition concordataire de privilèges publics, notamment pour l'Église catholique, atténue la portée de ce souci. Il en va ainsi de la Constitution espagnole de 1978 qui affirme qu'« aucune religion n'aura le caractère d'une religion d'État » tout en stipulant : « les pouvoirs publics tiendront compte des croyances religieuses de la société espagnole et maintiendront les relations de coopération avec l'Église catholique et les autres confessions ». Des mouvements laïques espagnols comme *Europa laica* demandent une véritable séparation, dépourvue de toute ambiguïté. En Italie, où les écoles publiques et les palais de justice ne sont pas encore déconfessionnalisés, l'enseignement de la religion – uniquement catholique – est présent dans les écoles

La laïcité progresse en Europe, comme le montrent notamment la séparation de l'État et de l'Église luthérienne en Suède en 2000, ou la suppression de la mention obligatoire de la religion sur la carte d'identité en Grèce. Mais elle reste menacée par la pression du Vatican pour marquer le droit et les références de l'Europe du sceau de la religion.

onsciente de son patrimoine spirituel et moral, l'Union se fonde sur les valeurs indivisibles : universelles de dignité humaine, de liberté, d'égalité et de solidarité ; elle repose sur le principe e la démocratie et le principe de l'État de droit. Elle place la personne au cœur de son action n instituant la citoyenneté de l'Union et en créant un espace de liberté, de sécurité et de justice.

Un débat passionné a animé l'Assemblée européenne de Strasbourg (ci-contre) au moment de la rédaction du Traité constitutionnel, à propos du terme d'« héritage religieux » qui apparaissait dans le préambule. En effet, la référence privilégiée au religieux a été vécue comme discriminatoire par les tenants de l'humanisme athée ou agnostique. C'est pourquoi nombreuses sont les personnes qui ont demandé que n'y soient mentionnées que les valeurs communes à tous, sans privilégier aucune option spirituelle. D'où le libellé final « conscient de son patrimoine spirituel et moral » (ci-dessus) De même toute prérogative particulière accordée aux associations religieuses contreviendrait au caractère laïque des pouvoirs publics. C'est le cas de l'article 52, qui fait une place particulière au dialogue avec les associations religieuses, sans référence aux autres types d'associations relevant d'inspirations spirituelles différentes.

publiques. Les enseignants de religion sont choisis par l'autorité ecclésiastique et celle-ci peut les faire révoquer en cas de comportement jugé religieusement incorrect (union libre, divorce). L'émancipation laïque n'est donc pas complète.

La situation est donc très variable d'un pays à l'autre de l'Europe. D'où la question très sensible du Traité constitutionnel européen. Toute mention préférentielle d'un héritage de type religieux est perçue comme une discrimination à l'égard des humanismes athée ou agnostique : elle entrerait en contradiction avec le principe d'égalité. On ne peut concevoir la laïcité à partir de la seule liberté de conscience. L'égalité des croyants, des athées et des agnostiques en est tout aussi constitutive. C'est pourquoi on ne peut parler de plusieurs laïcités au sein de l'Europe, en sous-entendant ainsi que cette égalité n'a pas à être prise en compte pour que l'on puisse parler de laïcité. Disons dès lors que la laïcité accomplie n'existe qu'en proportion du respect simultané de ces deux principes, avec pour corollaire la dévolution des institutions publiques au seul bien commun à tous par-delà les différences.

DES MOYENS
POUR
L'ECOLE
DE LA
REPUBLIQUE

TÉMOIGNAGES ET DOCUMENTS

Critique de l'oppression religieuse

Souvent venue de croyants eux-mêmes, la critique de l'oppression religieuse souligne la contradiction entre le message de paix et d'amour que les monothéismes revendiquent comme inspiration essentielle, et les pratiques oppressives qui se sont développées à l'époque de leur domination. Kant, Montesquieu, Voltaire et l'abbé Lamennais ont rédigé sur ce point des réquisitoires sans concession.

Kant

Kant, philosophe chrétien, s'en prend ici à la tournure prise par le « christianisme historique » lorsqu'il a voulu s'imposer par un pouvoir temporel multiforme, au détriment des libertés humaines fondamentales.

[…] Comment des rêveries mystiques dans la vie des ermites et des moines et la glorification de la sainteté du célibat, rendirent inutiles au monde un grand nombre d'hommes, comment de prétendus miracles qui s'y rattachaient, opprimèrent le peuple sous les lourdes chaînes d'une superstition aveugle, comment par le moyen d'une hiérarchie s'imposant à des hommes libres, s'éleva la terrible voix de l'orthodoxie dans la bouche d'exégètes prétentieux, seuls autorisés, et divisa le monde chrétien en partis exaspérés, au sujet d'opinions religieuses (où aucun accord universel ne peut se faire, si l'on n'en appelle à la raison pure, en qualité d'exégète) ; comment en Orient où l'État s'occupait ridiculement des statuts religieux des prêtres et des choses du clergé au lieu de maintenir ce clergé dans les bornes étroites d'une simple caste enseignante (dont il est en tout temps disposé à sortir pour passer dans une caste dirigeante), comment, dis-je, cet État devait enfin inévitablement devenir la proie d'ennemis extérieurs qui mirent un terme à sa croyance dominante ; et comment, en Occident, où la foi a érigé un trône particulier, indépendant du pouvoir temporel, l'ordre civil ainsi que les sciences (qui le conservent) furent bouleversés et privés de leur force ; comment les deux parties du monde chrétien, semblables aux plantes et aux animaux qui, près de se décomposer par suite de maladie, attirent des insectes destructeurs pour achever l'ouvrage, furent attaquées par les barbares ; comment dans le christianisme d'Occident, le chef spirituel dominait et châtiait des rois ainsi que des enfants, grâce à la baguette magique de l'excommunication dont il les menaçait, les excitait à des guerres étrangères (les Croisades) qui dépeuplaient une autre partie du monde et à se combattre les uns les autres, fomentait la révolte des sujets contre l'autorité royale et inspirait des haines sanglantes contre des adeptes d'un seul et même christianisme prétendu universel, mais qui pensaient différemment, comment la racine de cet état de discorde dont aujourd'hui encore seul l'intérêt politique contient les manifestations violentes, se trouve cachée dans le principe d'une foi d'Église d'une autorité despotique et fait toujours redouter des scènes semblables : cette histoire du christianisme, dis-je, (qui ne pouvait se présenter autrement, puisque celui-ci devait s'édifier sur une croyance historique) quand on l'embrasse d'un seul coup d'œil, comme un tableau, pourrait bien justifier l'exclamation : *« Tantum religio potuit suadere malorum ! »* si l'institution du christianisme ne montrait pas toujours d'une façon suffisamment claire qu'il n'eut pas primitivement d'autre fin véritable que d'introduire une pure foi religieuse au sujet de laquelle il ne pouvait y avoir des opinions opposées et que tout ce tumulte, qui bouleversa le genre humain et qui le divise encore, provient uniquement de ceci que, par suite d'une tendance de la nature humaine, ce qui au début devait servir à l'introduction de cette foi c'est-à-dire gagner la nation habituée à sa vieille croyance historique à la nouvelle au moyen même de ses propres préjugés, devint par la suite le fondement d'une religion mondiale universelle. […] Quand les statuts de la foi font partie de la loi constitutionnelle, le clergé règne qui pense bien pouvoir se passer de la raison et même finalement de la science scripturaire parce que, seul conservateur et exégète autorisé de la volonté de l'invisible législateur, il a autorité pour administrer exclusivement ce que prescrit la foi et que, par suite, pourvu de cette puissance il a non à convaincre, mais seulement à ordonner – or, comme en dehors de ce clergé, tout le reste est laïque (sans en excepter le chef de l'organisation politique) l'Église gouverne finalement l'État, non pas précisément par la force, mais par son influence sur les âmes, de plus aussi en faisant miroiter le profit que cet État doit soi-disant retirer d'une obéissance absolue à laquelle une discipline spirituelle a accoutumé la pensée même du peuple ; mais alors insensiblement l'habitude de l'hypocrisie sape la droiture et la fidélité des sujets, les dresse même à la simulation dans les devoirs civils et produit comme tous les principes erronés qu'on adopte, précisément le contraire de ce qu'on avait en vue.

Kant, *La Religion dans les limites de la simple raison,* trad. J. Fiba, Vrin, 1967

Montesquieu

La dénonciation des crimes religieux opère ici sur le mode ironique. Elle met en regard les souffrances qu'infligent les chrétiens là où ils dominent et celles qu'ils subissent là où ils sont dominés.

Une Juive de dix-huit ans, brûlée à Lisbonne au dernier auto-da-fé, donna occasion à ce petit ouvrage ; et je crois que c'est le plus inutile qui ait jamais été écrit. Quand il s'agit de prouver des choses si claires, on est sûr de ne pas convaincre. L'auteur déclare que, quoiqu'il soit Juif, il respecte la religion chrétienne, et qu'il l'aime assez pour ôter aux princes qui ne seront pas chrétiens un prétexte plausible pour la persécuter.

Vous vous plaignez, dit-il aux inquisiteurs, de ce que l'empereur du Japon fait brûler à petit feu tous les chrétiens qui sont dans ses États ; mais il vous répondra : Nous vous traitons, vous qui ne croyez pas comme nous, comme vous traitez vous-mêmes ceux qui ne croient pas comme vous : vous ne pouvez vous plaindre que de votre faiblesse, qui vous empêche de nous exterminer, et qui fait que nous vous exterminons.

Mais il faut avouer que vous êtes bien plus cruels que cet empereur. Vous nous faites mourir, nous qui ne croyons que ce que vous croyez, parce que nous ne croyons pas tout ce que vous croyez. Nous suivons une religion que vous savez vous-mêmes avoir été autrefois chérie de Dieu : nous pensons que Dieu l'aime encore, et vous pensez qu'il ne l'aime plus ; et parce que vous jugez ainsi, vous faites passer par le fer et par le feu ceux qui sont dans cette erreur si pardonnable, de croire que Dieu aime encore ce qu'il a aimé.

Si vous êtes cruels à notre égard, vous l'êtes bien plus à l'égard de nos enfants ; vous les faites brûler, parce qu'ils suivent les inspirations que leur ont données ceux que la loi naturelle et les lois de tous les peuples leur apprennent à respecter comme des dieux.

Vous vous privez de l'avantage que vous a donné sur les mahométans la manière dont leur religion s'est établie. Quand ils se vantent du nombre de leurs fidèles, vous leur dites que la force les leur a acquis, et qu'ils ont étendu leur religion par le fer : pourquoi donc établissez-vous la vôtre par le feu ?

Quand vous voulez nous faire venir à vous, nous vous objectons une source dont vous vous faites gloire de descendre. Vous nous répondez que votre religion est nouvelle, mais qu'elle est divine ; et vous le prouvez parce qu'elle s'est accrue par la persécution des païens et par le sang de vos martyrs ; mais aujourd'hui vous prenez le rôle des Dioclétiens, et vous nous faites prendre le vôtre.

Nous vous conjurons, non pas par le Dieu puissant que nous servons, vous et nous, mais par le Christ que vous nous dites avoir pris la condition humaine pour vous proposer des exemples que vous puissiez suivre ; nous vous conjurons d'agir avec nous comme il agirait lui-même s'il était encore sur la terre. Vous voulez que nous soyons chrétiens, et vous ne voulez pas l'être.

Mais si vous ne voulez pas être chrétiens, soyez au moins des hommes : traitez-nous comme vous feriez, si, n'ayant que ces faibles lueurs de justice que la nature nous donne, vous n'aviez point une religion pour vous conduire, et une révélation pour vous éclairer.

Si le ciel vous a assez aimés pour vous faire voir la vérité, il vous a fait une grande grâce ; mais est-ce aux enfants qui ont eu l'héritage de leur père, de haïr ceux qui ne l'ont pas eu ?

Que si vous avez cette vérité, ne nous la cachez pas par la manière dont vous nous la proposez. Le caractère de la vérité, c'est son triomphe sur les cœurs et les esprits, et non pas cette impuissance que vous avouez lorsque vous voulez la faire recevoir par des supplices.

Si vous êtes raisonnables, vous ne devez pas nous faire mourir parce que nous ne voulons pas vous tromper. Si votre Christ est le fils de Dieu, nous espérons qu'il nous récompensera de n'avoir pas voulu profaner ses mystères ; et nous croyons que le Dieu que nous servons, vous et nous, ne nous punira pas de ce que nous avons souffert la mort pour une religion qu'il nous a autrefois donnée, parce que nous croyons qu'il nous l'a encore donnée.

Vous vivez dans un siècle où la lumière naturelle est plus vive qu'elle n'a jamais été, où la philosophie a éclairé les esprits, où la morale de votre Évangile a été plus connue, où les droits respectifs des hommes les uns sur les autres, l'empire qu'une conscience a sur une autre conscience, sont mieux établis. Si donc vous ne revenez pas de vos anciens préjugés, qui, si vous n'y prenez garde, sont vos passions, il faut avouer que vous êtes incorrigibles, incapables de toute lumière et de toute instruction ; et une nation est bien malheureuse, qui donne de l'autorité à des hommes tels que vous.

Voulez-vous que nous vous disions naïvement notre pensée ? Vous nous regardez plutôt comme vos ennemis, que comme les ennemis de votre religion ; car, si vous aimiez votre religion, vous ne la laisseriez pas corrompre par une ignorance grossière.

Il faut que nous vous avertissions d'une chose : c'est que, si quelqu'un dans la postérité ose jamais dire que dans le siècle où nous vivons, les peuples d'Europe étaient policés, on vous citera pour prouver qu'ils étaient barbares ; et l'idée que l'on aura de vous sera telle, qu'elle flétrira votre siècle, et portera la haine sur tous vos contemporains.

Montesquieu,
De l'Esprit des lois,
Livre XXV, chapitre 13, 1748

Voltaire

Intimement convaincu de l'innocence de Jean Calas, qu'il considère comme une victime de l'intolérance religieuse du moment, Voltaire décide de militer pour sa réhabilitation. Désireux de donner à cet engagement la dimension d'un combat plus général pour la tolérance, il entreprend parallèlement la rédaction du Traité sur la tolérance *en octobre 1763, dans lequel il évoque les crimes commis au nom de la religion chrétienne, en se plaçant du point de vue d'un chrétien mesurant les méfaits de l'utilisation de sa foi pour persécuter.*

Je le dis avec horreur, mais avec vérité : c'est nous, chrétiens, c'est nous qui avons

Jean-Baptiste Lefèvre, chevalier de la Barre, torturé puis exécuté à l'âge de 20 ans, le 1er juillet 1766. Son crime ? Être resté couvert devant une procession religieuse. La calomnie religieuse lui impute la destruction d'un crucifix du seul fait qu'il manifestait une certaine liberté d'esprit et de vie. Voltaire et Hugo, entre autres, firent du chevalier de la Barre un héros légendaire de la laïcité.

été persécuteurs, bourreaux, assassins ! Et de qui ? de nos frères. C'est nous qui avons détruit cent villes, le crucifix ou la Bible à la main, et qui n'avons cessé de répandre le sang et d'allumer des bûchers, depuis le règne de Constantin jusqu'aux fureurs des cannibales qui habitaient les Cévennes : fureurs qui, grâces au ciel, ne subsistent plus aujourd'hui.

Nous envoyons encore quelquefois à la potence de pauvres gens du Poitou, du Vivarais, de Valence, de Montauban. Nous avons pendu, depuis 1745, huit personnages de ceux qu'on appelle prédicants ou ministres de l'Évangile, qui n'avaient d'autre crime que d'avoir prié Dieu pour le roi en patois, et d'avoir donné une goutte de vin et un morceau de pain levé à quelques paysans imbéciles. On ne sait rien de cela dans Paris, où le plaisir est la seule chose importante, où l'on ignore tout ce qui se passe en province et chez les étrangers. Ces procès se font en une heure, et plus vite qu'on ne juge un déserteur. Si le roi en était instruit, il ferait grâce.

On ne traite ainsi les prêtres catholiques en aucun pays protestant. Il y a plus de cent prêtres catholiques en Angleterre et en Irlande ; on les connaît, on les a laissés vivre très paisiblement dans la dernière guerre.

Serons-nous toujours les derniers à embrasser les opinions saines des autres nations ? Elles se sont corrigées : quand nous corrigerons-nous ? Il a fallu soixante ans pour nous faire adopter ce que Newton avait démontré ; nous commençons à peine à oser sauver la vie à nos enfants par l'inoculation ; nous ne pratiquons que depuis très peu de temps les vrais principes de l'agriculture ; quand commencerons-nous à pratiquer les vrais principes de l'humanité ? Et de quel front pouvons-nous reprocher aux païens d'avoir fait des martyrs, tandis que nous avons été coupables de la même cruauté dans les mêmes circonstances ?

Accordons que les Romains ont fait mourir une multitude de chrétiens pour leur seule religion : en ce cas, les Romains ont été très condamnables. Voudrions-nous commettre la même injustice ? Et quand nous leur reprochons d'avoir persécuté, voudrions-nous être persécuteurs ?

S'il se trouvait quelqu'un assez dépourvu de bonne foi, ou assez fanatique, pour me dire ici : Pourquoi venez-vous développer nos erreurs et nos fautes ? pourquoi détruire nos faux miracles et nos fausses légendes ? Elles sont l'aliment de la piété de plusieurs personnes ; il y a des erreurs nécessaires ; n'arrachez pas du corps un ulcère invétéré qui entraînerait avec lui la destruction du corps, voici ce que je lui répondrais. […]

Voltaire,
Traité sur la tolérance, 1763

Paroles d'un croyant

En avril 1834, l'abbé Félicité de Lamennais ami de Victor Hugo, publie Paroles d'un croyant. *Il y dénonce la collusion du pouvoir polititque et du pouvoir religieux, les crimes commis au nom de la religion et y stigmatise l'injustice sociale. L'ouvrage rencontre un succès immédiat mais suscite une violente réaction des milieux conservateurs et cléricaux. Guizot va jusqu'à demander en conseil des ministres que l'auteur soit poursuivi et l'ouvrage interdit, tandis que le pape le dénonce dans une encyclique véhémente,* Singulari nos, *qu'il adresse à l'ensemble des évêques.*

On a vu des temps où l'homme, en égorgeant l'homme dont les croyances différaient des siennes, se persuadait offrir un sacrifice agréable à Dieu.

Ayez en abomination ces meurtres exécrables.

Comment le meurtre de l'homme pourrait-il plaire à Dieu, qui a dit à l'homme : « Tu ne tueras point » ?

Lorsque le sang de l'homme coule sur la terre, comme une offrande à Dieu, les démons accourent pour le boire et entrent dans celui qui l'a versé.

On ne commence à persécuter que quand on désespère de convaincre, et qui désespère de convaincre, ou blasphème en lui-même la puissance de la vérité, ou manque de confiance dans la vérité des doctrines qu'il annonce.

Quoi de plus insensé que de dire aux hommes : « Croyez ou mourez ! »

La foi est fille du Verbe : elle pénètre dans les cœurs avec la parole, et non avec le poignard.

Jésus passa en faisant le bien, attirant à lui par sa bonté, et touchant par sa douceur les âmes les plus dures.

Ses lèvres divines bénissaient et ne maudissaient point, si ce n'est les hypocrites. Il ne choisit pas des bourreaux pour apôtres.

Il disait aux siens : « Laissez croître ensemble, jusqu'à la moisson, le bon et le mauvais grain, le père de famille en fera la séparation sur l'aire. »

Et à ceux qui le pressaient de faire descendre le feu du ciel sur une ville incrédule : « Vous ne savez pas de quel esprit vous êtes. »

L'esprit de Jésus est un esprit de paix, de miséricorde et d'amour.

Ceux qui persécutent en son nom, qui scrutent les consciences avec l'épée, qui torturent le corps pour convertir l'âme, qui font couler les pleurs au lieu de les essuyer ; ceux-là n'ont pas l'esprit de Jésus.

Malheur à qui profane l'Évangile, en le rendant pour les hommes un objet de terreur ! Malheur à qui écrit la bonne nouvelle sur une feuille sanglante !

Ressouvenez-vous des catacombes.

En ce temps-là, on vous traînait à l'échafaud, on vous livrait aux bêtes féroces dans l'amphithéâtre pour amuser la populace, on vous jetait à milliers au fond des mines et dans les prisons, on confisquait vos biens, on vous foulait aux pieds comme la boue des places publiques : vous n'aviez, pour célébrer vos mystères proscrits, d'autre asile que les entrailles de la terre.

Que disaient vos persécuteurs ? Ils disaient que vous propagiez des doctrines dangereuses ; que votre secte, ainsi qu'ils l'appelaient, troublait l'ordre et la paix publique : que, violateurs des lois et ennemis du genre humain, vous ébranliez l'empire en ébranlant la religion de l'empire.

Et dans cette détresse, sous cette oppression, que demandiez-vous ? La liberté. Vous réclamiez le droit de n'obéir qu'à Dieu, de le servir et de l'adorer selon votre conscience.

Lorsque, même en se trompant dans leur foi, d'autres réclameront de vous ce droit sacré, respectez-le en eux, comme vous demandiez que les païens le respectassent en vous.

Respectez-le pour ne pas flétrir la mémoire de vos confesseurs et ne pas souiller les cendres de vos martyrs.

La persécution a deux tranchants : elle blesse à droite et à gauche.

Si vous ne vous souvenez plus des enseignements du Christ, ressouvenez-vous des catacombes.

Lamennais,
Paroles d'un croyant, 1834

L'édit de Nantes : un précédent équivoque

Mettre un terme aux guerres de Religion et faire apparaître l'autorité royale comme arbitre dégagé de tout esprit partisan, s'élevant au-dessus des protagonistes : tel est le sens premier de l'Édit. Mais la réaffirmation du caractère dominant du catholicisme, religion officielle du royaume, atténue la portée du texte à la fois sur le plan de la liberté reconnue et sur celui de l'égalité des sujets. Le roi « tolère » ce qu'il ne peut empêcher. Mais il est bien entendu que les protestants ne tiennent leur liberté de culte que du bon vouloir du roi, et restent ainsi assujettis à la fluctuation de celui-ci. Quatre-vingt-six ans plus tard, Louis XIV ne tolérera plus, et les persécutions reprendront au nom de la maxime totalitaire « Un roi, une foi, une loi ».

Une nécessaire pacification

Premièrement, que la mémoire de toutes choses passées d'une part et d'autre, depuis le commencement du mois de mars 1587 jusqu'à notre avènement à la couronne et durant les autres troubles précédents et à leur occasion, demeurera éteinte et assoupie, comme de chose non advenue. Et ne sera loisible ni à nos procureurs généraux, ni autres personnes quelconques, publiques ni privées, en quelque temps, ni pour quelque occasion que ce soit, en faire mention, procès ou poursuite en aucunes cours ou juridictions que ce soit.

Article I

Une avancée vers la liberté de conscience

Et pour ne laisser aucune occasion de troubles et différends entre nos sujets, avons permis et permettons à ceux de ladite religion prétendue réformée vivre et demeurer par toutes les villes et lieu de cestui notre royaume et pays de notre obéissance, sans être requis, vexés, molestés ni astreints à faire chose pour le fait de la religion contre les consciences, ni pour raison d'icelle être recherchés dans les maisons ou lieux où ils voudront habiter, en se comportant au reste selon qu'il est contenu dans le présent Édit.

Article VI

Une esquisse de l'égalité civile

Afin de réunir d'autant mieux les volontés de nos sujets, comme est de notre intention, et ôter toutes plaintes à l'avenir, déclarons tous ceux qui font ou feront profession de ladite religion prétendue réformée capables de tenir et exercer tous états, dignités, offices et charges publiques quelconques, royales, seigneuriales, ou des villes de notre dit-royaume, pays, terre et seigneuries de notre obéissance. […]

Article XXVII

[…] Ordonnons qu'il ne sera fait différence ni distinction, pour le fait de ladite religion, à recevoir les écoliers pour être instruits ès universités, collèges et écoles, et les malades et pauvres ès hôpitaux, maladreries et aumônes publiques.

Article XXII

L'assignation à résidence de l'exercice public du culte réformé

Il est confiné dans trois types de lieux : « chez les seigneurs hauts justiciers » ; dans les « possessions », c'est-à-dire les villes, bourgs et villages dans lesquels il existait un culte public en 1596 et jusqu'au mois d'août 1597 ; dans les endroits de « concession » (un ou deux par bailliage ou sénéchaussée). Dans certaines villes, comme Paris et Toulouse, le culte réformé est interdit.

Le maintien d'une logique de domination, qui restreint singulièrement l'esprit de tolérance

Ordonnons que la religion catholique, apostolique et romaine sera remise et rétablie en tous les lieux et endroits de cestui notre royaume et pays de notre obéissance où l'exercice d'icelle a été intermis pour y être paisiblement exercé sans aucun trouble ou empêchement. Défendant très expressément à toutes personnes, de quelque état, qualité ou condition qu'elles soient, sur les peines que dessus, de ne troubler, molester ni inquiéter les ecclésiastiques en la célébration du divin service, jouissance et perception des dîmes, fruits et revenus de leurs bénéfices […]. Défendant aussi très expressément à ceux de ladite religion prétendue réformée de faire prêches ni aucun exercice de ladite religion ès églises, maisons et habitations desdits ecclésiastiques

Article III

La mise en place de cours de justice spéciales, qui font des protestants des sujets d'exception

Sont prévues à cet effet des chambres mi-parties, instituées auprès des parlements de Toulouse, de Bordeaux, de Grenoble. Elles traitent les affaires où des protestants sont impliqués, au civil comme au criminel. Des chambres de l'Édit sont créées, avec dix magistrats catholiques et six protestants auprès des parlements de Paris, de Bretagne et de Normandie.

Outre la chambre ci-devant établie à Castres pour le ressort de notre cour de parlement de Toulouse, laquelle sera continuée en l'état qu'elle est, nous avons pour les mêmes considérations ordonné et ordonnons qu'en chacune de nos cours de parlement de Grenoble et Bordeaux sera pareillement établie une chambre composée de deux présidents, l'un catholique, l'autre de ladite religion prétendue réformée, et douze conseillers dont six seront catholiques et les six autres de ladite religion, lesquels président et conseillers catholiques seront par nous pris et choisis des corps de nosdites cours.

Article XXXI

L'attribution de certaines places de sûreté

150 villes, villages et châteaux sont octroyés aux protestants et entretenus par le Trésor royal.

Séparation laïque ou Concordat ? premier épisode (1795-1802)

La Révolution semble hésiter devant la question religieuse. Après l'épisode de la constitution civile du clergé, l'idée d'une séparation fait son chemin et voit le jour sous le Directoire, qui envisage clairement un affranchissement mutuel de l'Église et de l'État, comme en témoigne le décret du 3 ventôse an III (21 février 1795). Mais en 1801, sous prétexte de pacification, Bonaparte restaure les privilèges publics de la religion en négociant un concordat avec le Saint-Siège, dont il étendra la portée aux cultes protestant et israélite. La logique concordataire, qui reproduit toutes les ambiguïtés de la posture gallicane, est aux antipodes de la laïcité. Une formule la résume : l'allégeance en échange des privilèges accordés.

Décret du 3 ventôse an III

Art. 1er – Conformément à l'article 7 de la Déclaration des droits de l'homme et à l'article 22 de la Constitution, l'exercice d'aucun culte ne peut être troublé.
Art. 2 – La République n'en salarie aucun.
Art. 3 – Elle ne fournit aucun local, ni pour l'exercice du culte, ni pour le logement des ministres.
Art. 4 – Les cérémonies de tout culte sont interdites hors de l'enceinte choisie pour leur exercice.
Art. 5 – La loi ne reconnaît aucun ministre du culte, nul ne peut paraître en public avec les habits, ornements ou costumes affectés à des cérémonies religieuses.
Art. 6 – Tout rassemblement de citoyens pour l'exercice d'un culte quelconque est soumis à la surveillance des autorités constituées. Cette surveillance se renferme dans les mesures de police et de sûreté publique.
Art. 7 – Aucun signe particulier à un culte ne peut être placé dans un lieu public, ni extérieurement, de quelque manière que ce soit. Aucune inscription ne peut désigner le lieu qui lui sera affecté. Aucune proclamation ni convocation ne peut être faite pour inviter les citoyens.
Art. 8 – Les communes ou sections de communes, en nom collectif, ne pourront acquérir ni louer de local pour l'exercice des cultes.
Art. 9 – Il ne peut être formé aucune dotation perpétuelle ou viagère, ni établi aucune taxe pour en acquitter les dépenses.

Concordat entre la République française et le Saint-Siège

Signé à Paris le 15 juillet 1801, le Concordat est promulgué par la loi du 18 germinal an X (8 avril 1802). Le texte sera augmenté des « articles organiques » réglementant les principaux éléments de l'activité de l'Église en France. Reconnaissance d'un statut de droit public, salaires versés aux différents clergés, subventions pour les édifices et l'exercice des cultes, font alors régresser brutalement le processus de laïcisation amorcé.

Le Gouvernement de la République reconnaît que la religion catholique, apostolique et romaine est la religion de la grande majorité des citoyens français.

Sa Sainteté reconnaît également que cette même religion a retiré et attend encore en ce moment le plus grand bien et le plus grand éclat de l'établissement du culte catholique en France, et de la protection particulière qu'en font les Consuls de la République.

En conséquence, d'après cette reconnaissance mutuelle, tant pour le bien de la religion que pour le maintien de la tranquillité intérieure, ils sont convenus de ce qui suit :

Art. 1 – La religion catholique, apostolique et romaine sera librement exercée en France. Son culte sera public, en se conformant aux règlements de police, que le Gouvernement jugera nécessaire pour la tranquillité publique.

Art. 2 – Il sera fait par le Saint-Siège, de concert avec le Gouvernement, une nouvelle circonscription des diocèses français.

Art. 3 – Sa Sainteté déclare aux titulaires des évêchés français qu'elle attend d'eux avec une ferme confiance, pour le bien de la paix et de l'unité, toute espèce de sacrifices, même celui de leurs sièges. D'après cette exhortation, s'ils se refusaient à ce sacrifice, commandé par le bien de l'Église (refus, néanmoins, auquel Sa Sainteté ne s'attend pas), il sera pourvu par de nouveaux titulaires au gouvernement des évêchés de la circonscription nouvelle, de la manière suivante :

Art. 4 – Le Premier Consul de la République nommera, dans les trois mois qui suivront la publication de la bulle de Sa Sainteté, aux archevêchés et évêchés de la circonscription nouvelle. Sa Sainteté conférera l'institution canonique suivant les formes établies par rapport à la France avec le changement de gouvernement.

Art. 5 – Les nominations aux évêchés qui vaqueront dans la suite seront également faites par le Premier Consul, et l'institution canonique sera donnée par le Saint-Siège, en conformité de l'article précédent.

Art. 6 – Les évêques, avant d'entrer en fonctions, prêteront directement, entre les mains du Premier Consul, le serment de fidélité qui était en usage avant le changement de gouvernement, exprimé dans les termes suivants : " Je jure et promets à Dieu, sur les Saints Évangiles, de garder obéissance et fidélité au Gouvernement établi par la Constitution de la République française. Je promets aussi de n'avoir aucune intelligence, de n'assister à aucun conseil, de n'entretenir aucune ligue, soit au-dedans, soit au-dehors, qui soit contraire à la tranquillité publique ; et si, dans mon diocèse ou ailleurs, j'apprends qu'il se trame quelque chose au préjudice de l'État, je le ferai savoir au Gouvernement. "

Art. 7 – Les ecclésiastiques du second ordre prêteront le même serment entre les mains des autorités civiles désignées par le Gouvernement.

Art. 8 – La formule de prière suivante sera récitée à la fin de l'office divin, dans toutes les églises catholiques de France :
« *Domine, salvam fac Republicam; Domine, salvos fac Consules.* »

Hugo contre Falloux : un manifeste de la laïcité

Le 20 janvier 1850, Victor Hugo monte à la tribune de la Chambre des députés pour contester le projet de loi Falloux. Tout y est : la distinction de la religion et du cléricalisme, le rappel des persécutions auxquelles la laïcité permet d'échapper, le livre noir du christianisme institutionnel, le refus de toute mise en tutelle de la science ou de l'art, la dénonciation des obscurantismes religieux, le principe de séparation de L'État et de l'Église, l'affirmation de la vocation émancipatrice de l'école publique et laïque.

Une distinction de principe : religion et cléricalisme

Votre loi est une loi qui a un masque. *[Bravo !]*

Elle dit une chose et elle en ferait une autre. C'est une pensée d'asservissement qui prend les allures de la liberté. C'est une confiscation intitulée donation. Je n'en veux pas. *[Applaudissements à gauche.]*

C'est votre habitude. Quand vous forgez une chaîne, vous dites : Voici une liberté ! Quand vous faites une proscription, vous criez : Voilà une amnistie ! *[Nouveaux applaudissements.]*

Ah ! je ne vous confonds pas avec l'Église, pas plus que je ne confonds le gui avec le chêne. Vous êtes les parasites de l'Église, vous êtes la maladie de l'Église. *[On rit.]* Ignace est l'ennemi de Jésus. *[Vive approbation à gauche.]* Vous êtes, non les croyants, mais les sectaires d'une religion que vous ne comprenez pas. Vous êtes les metteurs en scène de la sainteté. Ne mêlez pas l'Église à vos affaires, à vos combinaisons, à vos stratégies, à vos doctrines, à vos ambitions. Ne l'appelez pas votre mère pour en faire votre servante. *[Profonde sensation.]*

[…] Laissez-la, cette vénérable Église, cette vénérable mère, dans sa solitude, dans son abnégation, dans son humilité. Tout cela compose sa grandeur ! Sa solitude lui attirera la foule ; son abnégation est sa puissance, son humilité est sa majesté. *[Vive adhésion.]*

Vous parlez d'enseignement religieux ! Savez-vous quel est le véritable enseignement religieux, celui devant lequel il faut se prosterner, celui qu'il ne faut pas troubler ? C'est la sœur de charité au chevet du mourant. C'est le frère de la Merci rachetant l'esclave. C'est Vincent de Paul ramassant l'enfant trouvé. C'est l'évêque de Marseille au milieu des pestiférés. C'est l'archevêque de Paris abordant avec un sourire ce formidable faubourg Saint-Antoine, levant son crucifix au-dessus de la guerre civile, et s'inquiétant peu de recevoir la mort, pourvu qu'il apporte la paix. Voilà le véritable enseignement religieux, l'enseignement religieux réel, profond, efficace et populaire, celui qui, heureusement pour la religion et l'humanité, fait encore plus de chrétiens que vous n'en défaites !

Le livre noir du cléricalisme

Ah ! nous vous connaissons ! nous connaissons le parti clérical. C'est un vieux parti qui a des états de service. *[On rit.]* C'est lui qui monte la garde à la porte de l'orthodoxie. *[On rit.]* C'est lui qui a trouvé pour la vérité ces deux étais merveilleux, l'ignorance et l'erreur.

C'est lui qui fait défense à la science et au génie d'aller au-delà du missel et qui veut cloîtrer la pensée dans le dogme. Tous les pas qu'a faits l'intelligence de l'Europe, elle les a faits malgré lui. Son histoire est écrite dans l'histoire du progrès humain, mais elle est écrite au verso. Il s'est opposé à tout. C'est lui qui a fait battre de verges Prinelli pour avoir dit que les étoiles ne tomberaient pas. C'est lui qui a appliqué Campanella vingt-sept fois à la question pour avoir affirmé que le nombre des mondes était infini et entrevu le secret de la création. C'est lui qui a persécuté Harvey pour avoir prouvé que le sang circulait. De par Josué, il a enfermé Galilée ; de par saint Paul, il a emprisonné Christophe Colomb. *[Sensation.]* Découvrir la loi du ciel, c'était une impiété ; trouver un monde, c'était une hérésie. C'est lui qui a anathématisé Pascal au nom de la religion, Montaigne au nom de la morale, Molière au nom de la morale et de la religion. Oh ! oui, certes, qui que vous soyez, qui vous appelez le parti catholique et qui êtes le parti clérical, nous vous connaissons. Voilà longtemps déjà que la conscience humaine se révolte contre vous et vous demande : Qu'est-ce que vous me voulez ? Voilà longtemps déjà que vous essayez de mettre un bâillon à l'esprit humain.

Et vous voulez être les maîtres de l'enseignement ! Et il n'y a pas un poète, pas un écrivain, pas un philosophe, pas un penseur, que vous acceptiez ! Et tout ce qui a été écrit, trouvé, rêvé, déduit, illuminé, imaginé, inventé par les génies, le trésor de la civilisation, l'héritage séculaire des générations, le patrimoine commun des intelligences, vous le rejetez ! Si le cerveau de l'humanité était là devant vos yeux, à votre discrétion, ouvert comme la page d'un livre, vous y feriez des ratures !

La séparation laïque, en toutes lettres

J'entends maintenir, quant à moi, et au besoin faire plus profonde que jamais, cette antique et salutaire séparation de l'Église et de l'État, qui était l'utopie de nos pères, et cela dans l'intérêt de l'Église comme dans l'intérêt de l'État.

[…] Je veux, je le déclare, la liberté de l'enseignement ; mais je veux la surveillance de l'État, et comme je veux cette surveillance effective, je veux l'État laïque, purement laïque, exclusivement laïque. L'honorable M. Guizot l'a dit avant moi, en matière d'enseignement, l'État n'est pas et ne peut pas être autre chose que laïque. Je veux, dis-je, la liberté de l'enseignement sous la surveillance de l'État, et je n'admets, pour personnifier l'État dans cette surveillance si délicate et si difficile, qui exige le concours de toutes les forces vives du pays, que des hommes appartenant sans doute aux carrières les plus graves, mais n'ayant aucun intérêt, soit de conscience, soit de politique, distinct de l'unité nationale.

Victor Hugo,
Discours du 20 janvier 1850

Le sens de la neutralité laïque de l'école

En latin, neuter *veut dire « ni l'un, ni l'autre »… Ne promouvoir ni la croyance religieuse, ni l'athéisme, tel est le sens de la neutralité de l'école laïque. D'où l'appel aux nécessaires scrupules de l'instituteur lorsqu'il s'agit d'aborder les croyances. En revanche, en matière de connaissances, il n'y a pas à faire silence. Jaurès rappelle que la neutralité laïque ne saurait consister à relativiser l'exigence de vérité.*

La neutralité pour viser l'universel

Dès lors que l'école accueille en son sein des croyants et des athées, la parole du maître se doit d'éviter ce qui pourrait blesser les uns ou les autres. D'où l'exigence de retenue, qui bannit aussi bien le dénigrement des religions que le prosélytisme religieux. Jules Ferry incite les instituteurs à cette retenue dans la célèbre lettre qu'il leur adresse après le vote des grandes lois de laïcisation de l'école (1881-1882).

Monsieur l'instituteur,

L'année scolaire qui vient de s'ouvrir sera la seconde année d'application de la loi du 28 mars 1882. Je ne veux pas la laisser commencer sans vous adresser personnellement quelques recommandations qui sans doute ne vous paraîtront pas superflues, après la première expérience que vous venez de faire du régime nouveau. Des diverses obligations qu'il vous impose celle assurément qui vous tient le plus au cœur, celle qui vous apporte le plus lourd surcroît de travail et de souci c'est la mission qui vous est confiée de donner à vos élèves l'éducation morale et l'instruction civique : vous me saurez gré de répondre à vos préoccupations en essayant de bien fixer le caractère et l'objet de ce nouvel enseignement ; et pour y mieux réussir, vous me permettrez de me mettre un instant à votre place afin de vous montrer par des exemples empruntés au détail même de vos fonctions comment vous pourrez remplir à cet égard tout votre devoir et rien que votre devoir.

La loi du 28 mars se caractérise par deux dispositions qui se complètent sans se contredire : d'une part elle met en dehors du programme obligatoire l'enseignement de tout dogme particulier ; d'autre part elle y place au premier rang l'enseignement moral et civique. L'instruction religieuse appartient aux familles et à l'église, l'instruction morale à l'école. Le législateur n'a donc pas entendu faire une œuvre purement négative. Sans doute il a eu pour premier objet de séparer l'école de l'église, d'assurer la liberté de conscience et des maîtres et des élèves, de distinguer enfin deux domaines trop longtemps confondus : celui des croyances, qui sont personnelles, libres et variables et celui des connaissances, qui sont communes et indispensables à tous, de l'aveu de tous. Mais il y a autre chose dans la loi du 28 mars : elle affirme la volonté de fonder chez nous une éducation nationale, et de la fonder sur des notions du devoir et du droit que le législateur n'hésite pas à inscrire au nombre des premières vérités que nul ne peut ignorer. Pour cette partie capitale de l'éducation, c'est sur vous, Monsieur, que les pouvoirs publics ont compté. En vous dispensant de l'enseignement religieux, on n'a pas songé à vous décharger de l'enseignement moral : c'eût été vous enlever ce qui fait la dignité de votre profession. Au contraire, il a paru tout naturel que l'instituteur, en même temps qu'il apprend aux enfants à lire et à écrire, leur enseigne aussi ces règles élémentaires de la vie morale qui ne sont pas moins universellement acceptées que celles du langage ou du calcul. [...]

J'ai dit que votre rôle, en matière d'éducation morale, est très limité. Vous n'avez à enseigner, à proprement parler, rien de nouveau, rien qui ne vous soit familier comme à tous les honnêtes gens. Et, quand on vous parle de mission et d'apostolat, vous n'allez pas vous y méprendre : vous n'êtes point l'apôtre d'un nouvel Évangile : le législateur n'a voulu faire de vous ni un philosophe ni un théologien improvisé. Il ne vous demande rien qu'on ne puisse demander à tout homme de cœur et de sens. Il est impossible que vous voyiez chaque jour tous ces enfants qui se pressent autour de vous, écoutant vos leçons, observant votre conduite, s'inspirant de vos exemples, à l'âge où l'esprit s'éveille, où le cœur s'ouvre, où la mémoire s'enrichit, sans que l'idée ne vous vienne pas aussitôt de profiter de cette docilité, de cette confiance, pour leur transmettre, avec les connaissances scolaires proprement dites, les principes mêmes de la morale, j'entends simplement cette bonne et antique morale que nous avons reçue de nos pères et mères et que nous nous honorons tous de suivre dans les relations

L'école de Buigny-les-Gamaches, dans la Somme, au début du xxe siècle.

de la vie, sans nous mettre en peine d'en discuter les bases philosophiques. Vous êtes l'auxiliaire et, à certains égards, le suppléant du père de famille : parlez donc à son enfant comme vous voudriez que l'on parlât au vôtre : avec force et autorité toutes les fois qu'il s'agit d'une vérité incontestée, d'un précepte de la morale commune ; avec la plus grande réserve, dès que vous risquez d'effleurer un sentiment religieux dont vous n'êtes pas juge.

Si parfois vous étiez embarrassé pour savoir jusqu'où il vous est permis d'aller dans votre enseignement moral, voici une règle pratique à laquelle vous pourrez vous tenir. Au moment de proposer aux élèves un précepte, une maxime quelconque, demandez-vous s'il se trouve à votre connaissance un seul honnête homme qui puisse être froissé de ce que vous allez dire. Demandez-vous si un père de famille, je dis un seul, présent à votre classe et vous écoutant, pourrait de bonne foi refuser son assentiment à ce qu'il vous entendrait dire. Si oui, abstenez-vous de le dire ; sinon parlez hardiment ; car ce que vous allez communiquer à l'enfant, ce n'est pas votre propre sagesse ; c'est la sagesse du genre humain, c'est une de ces idées d'ordre universel que plusieurs siècles de civilisation ont fait entrer dans le patrimoine de l'humanité. Si étroit que vous semble peut-être un cercle d'action ainsi tracé, faites-vous un devoir d'honneur de n'en jamais sortir, restez en deçà de cette limite plutôt que vous exposer à la franchir ; vous ne toucherez jamais avec trop de scrupule à cette chose délicate et sacrée, qui est la conscience de l'enfant [...]

Le Président du Conseil,
Ministre de l'Instruction publique
et des Beaux-Arts
Jules Ferry,
Lettre aux instituteurs, 17 novembre 1883

La neutralité laïque et la formation de l'esprit critique

La neutralité ne signifie pas le relativisme. Elle ne peut consister à renvoyer dos à dos l'erreur et la vérité. La confiance laïque dans le rôle émancipateur de la connaissance du vrai exclut donc tout endoctrinement. Jaurès rappelle ici que la neutralité requiert qu'on ne transige pas avec l'exigence de vérité, même si celle-ci peut déranger des croyances en forme de préjugés.

La plus perfide manœuvre des ennemis de l'école laïque, c'est de la rappeler à ce qu'ils appellent la neutralité, et de la condamner par là à n'avoir ni doctrine, ni pensée, ni efficacité intellectuelle et morale. En fait, il n'y a que le néant qui soit neutre.

Ou plutôt les cléricaux ramèneraient ainsi, par un détour, le vieil enseignement congréganiste. Celui-ci, de peur d'éveiller la réflexion, l'indépendance de l'esprit, s'appliquait à être le plus insignifiant possible.

Sans doute, il serait matériellement impossible de retrancher aujourd'hui de l'histoire des hommes ou de la nature tous les événements qui contrarient la tradition ecclésiastique ; la cosmographie, la géologie, la vaste histoire humaine renouvelée par la critique ne s'accordent pas aisément avec la lettre de certains récits bibliques enfantins et étroits ; toutes les sciences, en habituant l'intelligence à lier les idées selon une conséquence rigoureuse comme le fait la géométrie, ou à enchaîner les faits selon des lois, comme le fait la physique et la chimie, la mettent en défiance à l'égard du miracle.

La neutralité scolaire ne pourrait donc pas, à moins d'aller jusqu'à la suppression de tout enseignement,

Caricature sur Jules Ferry et l'école laïque parue dans l'*Assiette au beurre* vers 1905.

retirer à la science moderne toute son âme de liberté et de hardiesse. Mais ce qu'on attend de l'école, c'est qu'elle réduise au minimum cette âme de liberté ; que, sous prétexte de ménager les croyances, elle amortisse toutes les couleurs, voile toutes les clartés, ne laisse parvenir à l'esprit les vérités scientifiques qu'éteintes et presque mortes.

De même, il est possible de raconter l'histoire de France sans manquer à l'exactitude matérielle des faits et des dates, mais de telle sorte que les institutions successives n'offrent à l'esprit rien de vivant. Et l'Église guettera l'heure où ces esprits, souffrant à leur insu de la pauvreté de l'enseignement scolaire, seront à la merci de la première émotion idéaliste qu'elle pourra leur ménager.

Ainsi par la campagne de « neutralité scolaire », c'est non seulement les instituteurs qui sont menacés de vexations sans nombre. C'est l'enseignement lui-même qui est menacé de stérilité et de mort.

Plus l'esprit est vivant, plus il étend à l'infini les applications des idées qu'il reçoit. Il faudrait tuer tous les esprits pour empêcher les idées d'y développer ces vastes conséquences souvent imprévues, dont s'épouvantent les partisans de la « neutralité scolaire », c'est-à-dire de l'immobilité ecclésiastique.

Est-ce à dire que l'enseignement de l'école doit être sectaire ? violemment ou sournoisement tendancieux ? Ce serait un crime pour l'instituteur de violenter l'esprit des enfants dans le sens de sa propre pensée. S'il procédait par des affirmations sans contrepoids, il userait d'autorité, et il manquerait à sa fonction qui est d'éveiller et d'éduquer la liberté. S'il cachait aux enfants une partie des faits et ne leur faisait connaître que ceux qui peuvent seconder telle ou telle thèse, il n'aurait ni la probité, ni l'étendue d'esprit sans lesquelles il n'est pas de bons instituteurs. [...]

Jean Jaurès,
in *Revue de l'Enseignement primaire*,
n° 1, 4-10 1908, Éditions Rieder

La loi de 1901 et les congrégations

Très libérale pour la liberté d'association, la loi de 1901 fait obligation aux congrégations religieuses de respecter certaines règles. Émile Combes en fera un usage très rigoureux, perçu comme restrictif par une partie de l'opinion catholique. Emile Zola rappelle le danger de ces congrégations pour l'émancipation laïque.

Loi du 1er juillet 1901 relative au contrat d'association

Le titre premier définit les associations et leur régime de liberté.

Titre I

Article 1er

L'association est la convention par laquelle deux ou plusieurs personnes mettent en commun, d'une façon permanente, leurs connaissances ou leur activité dans un but autre que de partager des bénéfices. Elle est régie, quant à sa validité, par les principes généraux du droit applicables aux contrats et obligations.

Article 2

Les associations de personnes pourront se former librement sans autorisation ni déclaration préalable, mais elles ne jouiront de la capacité juridique que si elles se sont conformées aux dispositions de l'article 5.

Article 3

Toute association fondée sur une cause ou en vue d'un objet illicite, contraire aux lois, aux bonnes mœurs, ou qui aurait pour but de porter atteinte à l'intégrité du territoire national et à la forme républicaine du gouvernement, est nulle et de nul effet.

Article 4

Tout membre d'une association qui n'est pas formée pour un temps déterminé peut s'en retirer en tout temps, après paiement des cotisations échues et de l'année courante, nonobstant toute clause contraire.

Article 5

(loi no 71-604 du 20 juillet 1971 – *Journal officiel* du 21 juillet 1971)

Toute association qui voudra obtenir la capacité juridique prévue par l'article 6 devra être rendue publique par les soins de ses fondateurs. […]

Article 6

Toute association régulièrement déclarée peut, sans aucune autorisation spéciale, ester en justice, recevoir des dons manuels ainsi que des dons d'établissements d'utilité publique, acquérir à titre onéreux, posséder et administrer, en dehors des subventions de l'État, des régions, des départements, des communes et de leurs établissements publics :

1o Les cotisations de ses membres ou les sommes au moyen desquelles ces cotisations ont été rédimées, ces sommes ne pouvant être supérieures à 100 F ;

2o Le local destiné à l'administration de l'association et à la réunion de ses membres ;

3° Les immeubles strictement nécessaires à l'accomplissement du but qu'elle se propose.

Les associations déclarées qui ont pour but exclusif l'assistance, la bienfaisance, la recherche scientifique ou médicale peuvent accepter les libéralités entre vifs ou testamentaires dans des conditions fixées par décret en Conseil d'État.

Lorsqu'une association donnera au produit d'une libéralité une affectation différente de celle en vue de laquelle elle aura été autorisée à l'accepter, l'acte d'autorisation pourra être rapporté par décret en Conseil d'État.

Article 9

En cas de dissolution volontaire, statutaire ou prononcée par justice, les biens de l'association seront dévolus conformément aux statuts ou, à défaut de disposition statutaire, suivant les règles déterminées en assemblée générale.

Les associations sont de droit privé, mais elles peuvent être reconnues d'utilité publique, notamment si elles contribuent à promouvoir un but d'intérêt général. Ce qui est culturel est d'intérêt général. Ce qui est cultuel est d'intérêt particulier. Cette frontière nette est aujourd'hui contestée par des religieux anti-laïques, protestants ou catholiques, israélites ou musulmans, qui aimeraient capter des subventions publiques sous prétexte de jouer une rôle culturel, et détourner cet argent à des fins cultuelles.

Titre II

Article 10

(loi n° 87-571 du 23 juillet 1987, art. 17 – *Journal officiel* du 24 juillet 1987)

Les associations peuvent être reconnues d'utilité publique par décret en Conseil d'État à l'issue d'une période probatoire de fonctionnement d'une durée au moins égale à trois ans.

La reconnaissance d'utilité publique peut être retirée dans les mêmes formes. […]

Article 11

Ces associations peuvent faire tous les actes de la vie civile qui ne sont pas interdits par leurs statuts, mais elles ne peuvent posséder ou acquérir d'autres immeubles que ceux nécessaires au but qu'elles se proposent. […]

Elles peuvent recevoir des dons et des legs dans les conditions prévues par l'article 910 du Code civil. Les immeubles compris dans un acte de donation ou dans une disposition testamentaire qui ne seraient pas nécessaires au fonctionnement de l'association sont aliénés dans les délais et la forme prescrits par le décret ou l'arrêté qui autorise l'acceptation de la libéralité ; le prix en est versé à la caisse de l'association. Cependant, elles peuvent acquérir, à titre onéreux ou à titre gratuit, des bois, forêts ou terrains à boiser.

Le régime des congrégations religieuses fait l'objet d'une approche spécifique, notamment en raison du rôle qu'elles prétendent jouer au regard de la sphère publique, et tout particulièrement de l'enseignement, dont elles n'ont pas renoncé à s'assurer la maîtrise.

Titre III

Article 13

(loi n° 42-505 du 8 avril 1942 – *Journal officiel* du 17 avril 1942)

Toute congrégation religieuse peut obtenir la reconnaissance légale par décret rendu sur avis conforme du Conseil d'État ; les dispositions relatives aux congrégations antérieurement autorisées leur sont applicables.

La reconnaissance légale pourra être accordée à tout nouvel établissement congréganiste en vertu d'un décret en Conseil d'État.

La dissolution de la congrégation ou la suppression de tout établissement ne peut être prononcée que par décret sur avis conforme du Conseil d'État.

Article 17

(loi nº 42-505 du 8 avril 1942 – *Journal officiel* du 17 avril 1942)

Sont nuls tous actes entre vifs ou testamentaires, à titre onéreux ou gratuit, accomplis soit directement, soit par personne interposée, ou toute autre voie indirecte, ayant pour objet de permettre aux associations légalement ou illégalement formées de se soustraire aux dispositions des articles 2, 6, 9, 11, 13, 14, 16. La nullité pourra être prononcée soit à la diligence du ministère public, soit à la requête de tout intéressé.

Article 18

(loi du 17 juillet 1903 – *Journal officiel* du 18 juillet 1903)

Les congrégations existantes au moment de la promulgation de la présente loi, qui n'auraient pas été antérieurement autorisées ou reconnues, devront, dans le délai de trois mois, justifier qu'elles ont fait les diligences nécessaires pour se conformer à ses prescriptions.

À défaut de cette justification, elles sont réputées dissoutes de plein droit. Il en sera de même des congrégations auxquelles l'autorisation aura été refusée. [...]

Journal officiel du 2 juillet 1901

Un commentaire de Zola sur les congrégations et l'Église

Dans Vérité, *ouvrage posthume paru en 1903, Émile Zola rappelle l'affaire Dreyfus et le combat contre le cléricalisme des écoles congréganistes.*

Si la nation souffrait, traversait une crise affreuse, si la France se divisait en deux Frances ennemies, de plus en plus étrangères l'une à l'autre, prêtes à se dévorer, c'était simplement que Rome avait porté sa bataille chez elle. La France était la dernière des grandes puissances catholiques ; elle seule avait encore les hommes et l'argent nécessaires, la force qui pouvait imposer le catholicisme au monde ; et, dès lors, il devenait logique que Rome l'eût choisie pour y livrer le suprême combat, dans son âpre désir de reconquérir le pouvoir temporel, qui seul lui permettait de réaliser son rêve séculaire d'universelle domination. Alors, la France entière se trouvait être comme ces plaines frontières, ces labours, ces vignes, ces vergers fertiles, où deux armées se rencontrent et s'entrechoquent pour vider quelque vaste querelle : les moissons sont ravagées par les charges de cavalerie, les vignes et les vergers sont éventrés par les batteries de canons lancées au galop, les obus font sauter les villages, la mitraille rase les arbres, change la plaine en un désert de mort. Et c'est la France d'aujourd'hui que dévaste et que ruine la guerre faite chez elle par l'Église à la Révolution, à l'esprit de liberté et de justice, guerre exterminatrice sans pitié ni trêve, l'Église ayant bien compris que, si elle ne tue pas la Révolution, la Révolution la tuera. De là cette lutte acharnée, engagée sur tous les terrains, parmi toutes les classes, empoisonnant toutes les questions, fomentant la guerre civile, transformant la patrie en un champ de massacre, où il n'y aura plus bientôt que débris et décombres. Et là était le danger mortel, la mort certaine, si l'Église triomphante rejetait la France aux ténèbres et aux misères du passé, faisait d'elle une de ces nations déchues qui agonisent dans la misère et le néant dont le catholicisme a frappé toutes les terres où il a régné.

Alors, les réflexions qui avaient rendu Marc si perplexe, lui revinrent en foule, comme éclairées d'une grande lumière nouvelle. Depuis un demi-siècle, tout le travail souterrain de l'Église lui apparaissait, d'abord la savante manœuvre de l'enseignement congréganiste, la conquête de l'avenir par l'enfant, puis la politique de Léon XIII, la République acceptée pour être envahie et domptée. Mais, surtout, si la France de Voltaire et de Diderot, la France de la Révolution et des trois Républiques était devenue la pauvre France actuelle, troublée, dévoyée, éperdue, près de retourner au passé au lieu de marcher à l'avenir, c'était que les jésuites et les autres ordres enseignants avaient mis la main sur l'enfant, triplant en trente années le nombre de leurs élèves, élargissant leurs puissantes maisons sur le pays entier. Et, brusquement, sous la poussée des faits, l'Église, se croyant triomphante, forcée d'ailleurs de prendre parti, démasquait son œuvre au grand jour, avouait, tenait tête, entendait être la maîtresse souveraine de la nation. Toute sa conquête déjà accomplie se dressait aux yeux effarés : les hautes situations sociales dans l'armée, la magistrature, l'administration, la politique, aux mains des hommes élevés, formés par elle ; la bourgeoisie, autrefois libérale, incroyante et frondeuse, désormais reconquise à son esprit rétrograde, par terreur d'être dépossédée, de céder la place au flot populaire montant ; les masses populaires elles-mêmes, empoisonnées de superstitions grossières, maintenues dans la crasse ignorance, dans le mensonge, pour n'être toujours que le bétail à tondre et à égorger. Et l'Église, impudente, ne se cachant plus, achevait sa conquête au grand soleil, multipliant les troncs de saint Antoine de Padoue, à grand renfort de réclames et d'affiches, distribuait ouvertement aux communes des drapeaux ornés de l'emblème sanglant du Sacré-Cœur, ouvrait des écoles congréganistes en face des écoles laïques, s'emparait même de ces dernières, où les instituteurs et les institutrices étaient souvent des créatures à elle, travaillant pour elle, par lâcheté ou par intérêt. Elle était maintenant, vis-à-vis de la société civile, sur le pied de guerre ouverte. […] Et la lutte se posait, terrible, immédiate, aux yeux de Marc, qui jamais n'avait senti avec cette force la nécessité pour la France de tuer l'Église, si la France ne voulait pas être tuée par elle.

Emile Zola,
Vérité, 1903

L'inventaire de l'église de Saint Sevran, à Paris, en 1906, sous le contrôle de la police.

Concordat ou séparation laïque ? deuxième épisode : la loi de 1905

Le processus mis en œuvre par les grandes lois de laïcisation des années 1880-1886, portant sur les lieux publics, les cimetières, l'école, signifie que la République considère désormais la diversité des options spirituelles et des convictions philosophiques dans son ampleur véritable, et qu'elle place sur le même pied d'égalité, à côté des religions, les figures athée et agnostique de la conviction. C'est pourquoi elle se doit de rompre avec toute problématique concordataire. Ceux qui avaient pensé maintenir le Concordat dans un esprit de contrôle gallican des institutions religieuses abandonnent cette idée. Le maintien de privilèges publics pour les Églises est finalement l'inconvénient majeur, notamment au regard du principe républicain d'égalité des citoyens.

Le sens du processus de laïcisation selon Émile Combes

Le 13 septembre 1903, lors de l'inauguration du monument de Renan à Tréguier, Émile Combes explicite l'esprit du processus de laïcisation, nullement antireligieux.

Comme libres-penseurs et à l'exemple de Renan, nous refusons de nous courber sous un enseignement quelconque, de nous soumettre à un symbole, d'abriter derrière une croyance les doutes de notre intelligence. *[Applaudissements.]* Nous faisons profession de consulter et de suivre en toute chose les lumières de la raison. Mais nous n'affichons nullement la prétention d'imposer à autrui notre règle de conduite et notre méthode de raisonnement. À la différence du prêtre catholique, qui ne monte en chaire que pour jeter l'anathème à ceux qui pensent autrement que lui, nous n'ouvrons la bouche que pour réclamer, en faveur de tout le monde, la libre recherche et le libre examen. *[Applaudissements.]*

Ce n'est pas à la religion que nous nous attaquons, c'est à ses ministres, qui veulent s'en faire un instrument de domination. *[Bravos.]* La religion, en tant que sentiment inné du cœur de l'homme, échappe à notre prise, comme les autres sentiments. En tant que système de croyances, elle a droit à la liberté, qu'aucun de nous ne songe à lui dénier. Son domaine est la conscience. Nous serions les premiers à le défendre, si, par un acte législatif ou par une mesure administrative, quelqu'un faisait mine de vouloir s'y introduire de force et s'y comporter en maître. Tout ce que nous demandons à la religion, parce que nous avons le droit de le lui demander, c'est de s'enfermer dans ses temples, de se limiter à l'instruction de ses fidèles et de se garder de toute immixtion dans le domaine civil et politique. *[Applaudissements.]*

Nous sommes entrés en lutte ouverte avec ses ministres, parce qu'ils ont méconnu, de parti pris, le caractère essentiel de leur mission, qui est exclusivement d'ordre spirituel, parce qu'ils visent manifestement à s'emparer de la direction de la société. Rien ne les arrête dans leurs tentatives d'empiétement, ni les lois anciennes, ni les lois concordataires, ni les lois nouvelles de la République. Je n'aurais, pour vous en convaincre, qu'à retracer jour par jour l'histoire des seize derniers mois. [...]

Il peut leur convenir de nous représenter comme des sectaires, parce que nous leur tenons tête avec une fermeté mal servie par la législation existante. Mais l'opinion publique ne s'y trompe pas. À ses yeux, l'ennemi de la religion, ce n'est pas le Gouvernement, qui veut la séparer radicalement de la politique, en lui assurant la liberté dans la sphère qui lui est propre ; c'est le ministre du culte, qui associe délibérément la politique à la religion, pour s'autoriser à mettre une main despotique à la fois sur la conscience et sur la volonté de la nation. *[Applaudissements.]*

Émile Combes,
L'Esprit de la séparation laïque, 1903

La loi de 1905

Le titre premier renferme l'essentiel, puisqu'il énonce les grands principes qui désormais régiront le statut de religieux dans la République. Les autres titres organisent la transition d'un régime juridique à l'autre. L'article 28, par exemple, implique la suppression de tout emblème religieux des édifices publics, afin que cette neutralité symbolique, assortie le cas échéant des symboles universels de la République, permette à tous les citoyens d'être traités également.

Titre Ier – Principes

Art. 1er – La République assure la liberté de conscience. Elle garantit le libre exercice des cultes sous les seules restrictions édictées ci-après dans l'intérêt de l'ordre public.

Art. 2 – La République ne reconnaît, ne salarie ni ne subventionne aucun culte. En conséquence, à partir du 1er janvier qui suivra la promulgation de la présente loi, seront supprimées des budgets de l'État, des départements et des communes, toutes dépenses relatives à l'exercice des cultes.

Pourront toutefois être inscrites auxdits budgets les dépenses relatives à des services d'aumônerie et destinées à assurer le libre exercice des cultes dans les établissements publics tels que lycées, collèges, écoles, hospices, asiles et prisons.

Les établissements publics du culte sont supprimés, sous réserve des dispositions énoncées à l'article 3.

Titre II – Attribution des biens, pensions

Art. 3 – Les établissements dont la suppression est ordonnée par l'article 2 continueront provisoirement de fonctionner, conformément aux dispositions qui les régissent actuellement, jusqu'à l'attribution de leurs biens aux associations prévues par le titre IV et au plus tard jusqu'à l'expiration du délai ci-après.

Dès la promulgation de la présente loi, il sera procédé par les agents de l'administration des domaines à l'inventaire descriptif et estimatif :

1o Des biens mobiliers et immobiliers desdits établissements ;

2o Des biens de État, des départements et des communes dont les mêmes établissements ont la jouissance.

Ce double inventaire sera dressé contradictoirement avec les représentants légaux des établissements ecclésiastiques ou eux dûment appelés par une notification faite en la forme administrative.

Les agents chargés de l'inventaire auront le droit de se faire communiquer tous titres et documents utiles à leurs opérations.

Art. 4 – Dans le délai d'un an, à partir de la promulgation de la présente loi, les biens mobiliers et immobiliers des menses, fabriques, conseils presbytéraux, consistoires et autres établissements publics du culte seront, avec toutes les charges et obligations qui les grèvent et avec leur affectation spéciale, transférés par les représentants légaux de ces établissements aux associations qui, en se conformant aux règles d'organisation générale du culte dont elles se proposent d'assurer l'exercice, se seront légalement formées, suivant les prescriptions de l'article 19, pour l'exercice de ce culte dans les anciennes circonscriptions desdits établissements.

Article 16 – Il sera procédé à un classement complémentaire des édifices servant à l'exercice public du culte (cathédrales, églises, chapelles, temples, synagogues, archevêchés, évêchés, presbytères, séminaires), dans lequel devront être compris tous ceux de ces édifices représentant, dans leur ensemble ou dans leurs parties, une valeur artistique ou historique. [...]

Titre V – Police des cultes

Article 25 – Les réunions pour la célébration d'un culte tenues dans les

Aristide Briand en «gendarme des cultes», caricature parue dans *Le Rire* en 1906.

locaux appartenant à une association cultuelle ou mis à sa disposition sont publiques. Elles sont dispensées des formalités de l'article 8 de la loi du 30 juin 1881, mais restent placées sous la surveillance des autorités dans l'intérêt de l'ordre public.

Article 26 – Il est interdit de tenir des réunions politiques dans les locaux servant habituellement à l'exercice d'un culte.

Article 27 – Les cérémonies, processions et autres manifestations extérieures d'un culte, sont réglées en conformité de l'article 97 du Code de l'administration communale.

Les sonneries des cloches seront réglées par arrêté municipal, et, en cas de désaccord entre le maire et le président ou directeur de l'association cultuelle, par arrêté préfectoral.

Le règlement d'administration publique prévu par l'article 43 de la présente loi déterminera les conditions et les cas dans lesquels les sonneries civiles pourront avoir lieu.

Article 28 – Il est interdit, à l'avenir, d'élever ou d'apposer aucun signe ou emblème religieux sur les monuments publics ou en quelque emplacement public que ce soit, à l'exception des édifices servant au culte, des terrains de sépulture dans les cimetières, des monuments funéraires, ainsi que des musées ou expositions.

Article 29 – Les contraventions aux articles précédents sont punies des peines de police.

Sont passibles de ces peines, dans le cas des articles 25, 26 et 27, ceux qui ont organisé la réunion ou manifestation, ceux qui y ont participé en qualité de ministres du culte et, dans le cas des articles 25 et 26, ceux qui ont fourni le local.

Article 30 (*ancien*) – [Conformément aux dispositions de l'article 2 de la loi du 28 mars 1882, l'enseignement religieux ne peut être donné aux enfants âgés de 6 à 13 ans, inscrits dans les écoles publiques qu'en dehors des heures de classe. Il sera fait application aux ministres des cultes qui enfreindraient ces prescriptions des dispositions de l'article 14 de la loi précitée.]

Cet article a été abrogé par l'article 7 de l'ordonnance nº 2000-549 du 15 juin 2000 relative à la partie législative du Code de l'éducation et remplacé par :

Article L141-2 – Suivant les principes définis dans la Constitution, l'État assure aux enfants et adolescents dans les établissements publics d'enseignement la possibilité de recevoir un enseignement conforme à leurs aptitudes dans un égal respect de toutes les croyances. L'État prend toutes dispositions utiles pour assurer aux élèves de l'enseignement public la liberté des cultes et de l'instruction religieuse.

Article L141-3 – Les écoles élémentaires publiques vaquent un jour par semaine en outre du dimanche, afin de permettre aux parents de faire donner, s'ils le désirent, à leurs enfants l'instruction religieuse, en dehors des édifices scolaires. L'enseignement religieux est facultatif dans les écoles privées.

Article L141-4 – L'enseignement religieux ne peut être donné aux enfants inscrits dans les écoles publiques qu'en dehors des heures de classe. […]

Article 34 – Tout ministre d'un culte qui, dans les lieux où s'exerce ce culte, aura publiquement par des discours prononcés, des lectures faites, des écrits distribués ou des affiches apposées, outragé ou diffamé un citoyen chargé d'un service public, sera puni d'une amende de 25 000 F. et d'un emprisonnement d'un an, ou de l'une de ces deux peines seulement.

La vérité du fait diffamatoire, mais seulement s'il est relatif aux fonctions, pourra être établi devant le tribunal correctionnel dans les formes prévues par l'article 52 de la loi du 29 juillet 1881.

Titre VI – Dispositions générales

Article 38 – Les congrégations religieuses demeurent soumises aux lois du 1er juillet 1901, 4 décembre 1902 et 7 juillet 1904.

[…]

L'esprit de la séparation laïque

Dans un article du 13 octobre 1907, Ferdinand Buisson affirme que l'État ne doit pas intervenir dans la constitution intérieure de l'Église romaine, et soutient que celle-ci, séparée, est libre désormais de se structurer comme elle l'entend. Il précise que l'esprit de la séparation laïque ne peut consister à contester la domination du clergé sur ses fidèles, car c'est à ces derniers et à eux seuls de le faire, s'ils le veulent.

L'État n'a ni à la nier ni à l'affirmer. Il l'ignore, il n'a pas à en connaître. Il ne connaît que des groupes de citoyens français. […] La loi n'ignore pas le Pape, elle ignore le Pape-roi. Elle ne connaît le Pape qu'à travers les citoyens français qui déclareront le connaître dans les termes où bon leur semblera. Ces citoyens peuvent se déclarer absolument soumis au Pape, mais c'est eux-mêmes qui se seront soumis, ce n'est pas la loi française qui les aura d'office bon gré mal gré soumis au Pape.

*Dans un article intitulé « La vraie séparation » (*Le Radical *du 19 février 1907), Buisson affirme l'égalité des droits de tous les citoyens devant la loi comme principe essentiel de la laïcité de l'État.*

L'État ne connaît que des citoyens. Catholiques ou protestants, croyants ou athées, ils sont tous égaux en droit devant lui. Il n'a pas plus de faveur pour les uns que de rigueur pour les autres. Que leur organisation religieuse soit fondée sur le régime monarchique ou sur le régime démocratique, il n'en a cure. Pourvu qu'ils ne troublent pas l'ordre public, tous ont la plénitude de la liberté d'action, d'association, de manifestation, de propagande, d'organisation. Sans doute, c'est là une conception particulièrement déplaisante pour l'Église : n'être plus dans l'État qu'une association comme une autre, ni privilégiée ni persécutée ! C'est pourtant là qu'il faudra qu'elle en vienne, et sous peu.

Une telle réaffirmation de l'égalité est à placer en regard du rappel par le pape Pie X, dans l'encyclique Vehementer Nos *du 11 février 1906 (publiée en français par* La Croix *du 18 février), de la hiérarchie entre les « pasteurs » et le « troupeau », essentielle selon lui à la « constitution divine » de l'Église. Le rappel de celle-ci vise par ailleurs à prévenir la tentation des fidèles d'interpréter leur foi comme un engagement personnel qui ne serait solidaire d'aucune des institutions traditionnelles de l'Église.*

L'Écriture nous enseigne, et la tradition des Pères nous le confirme, que l'Église est le corps mystique du Christ, corps régi par des Pasteurs et des Docteurs, société d'hommes au sein de laquelle des chefs se trouvent, qui ont de pleins et parfaits pouvoirs pour gouverner, pour enseigner et pour juger. Il en résulte que, par essence, cette Église est une société inégale, c'est-à-dire une société comprenant deux catégories de personnes, les Pasteurs et le troupeau, ceux qui occupent un rang dans les différents degrés et la multitude des fidèles.

Extraits cités in Jean-Paul Scot, *L'Église chez elle et l'État chez lui. Comprendre la Loi de 1905*, Le Seuil, Paris, 2005

La séparation va-t-elle dissoudre le catholicisme ?

Dans cet article paru dans Le Mercure de France *le 15 avril 1907, l'abbé Lemire invite les catholiques à relativiser les conséquences de la séparation et même à y chercher des raisons d'espérer dans l'avenir de leur Église.*

La séparation va-t-elle dissoudre le catholicisme ou lui donner des adaptations sociales nouvelles, lesquelles feront croire aux yeux superficiels qu'il y a évolution quand il n'y a qu'harmonie avec l'ambiance, quand il y a, je ne puis mieux dire, qu'adaptation nécessaire et puissante et efficace. Je crois fermement que c'est la seconde chose dont vous serez témoins. Entre le catholicisme social des catacombes et le catholicisme politique de

Théodose, entre celui-ci et le catholicisme social du Moyen Âge, entre le catholicisme féodal et celui du concordat monarchique, entre ce dernier, qui est mort en France, et celui dont nous allons faire l'expérience, difficile mais féconde, que s'est-il passé ? Y a-t-il eu évolution religieuse ou adaptation à l'ambiance ? Je laisse la parole aux historiens ; mais, quelles que soient leurs terminologies, je suis sûr qu'ils me diront qu'il s'est rencontré des transitions moins rapides que celle à laquelle nous assistons en France, moins faciles même et surtout moins riches d'espérances. On nous impose en effet le régime de l'association. En est-il un plus conforme à notre constitution religieuse essentielle ? Pourvu qu'on nous laisse respecter notre hiérarchie, – on fait plus que nous le permettre, on nous y convie. On nous demande d'inscrire ce respect dans nos statuts et on s'offre à les enregistrer, tels quels, et à leur donner force légale ; – pourvu qu'on nous laisse faire tous les actes de notre vie religieuse soit individuelle et privée, soit collective et publique, – pourvu qu'on nous traite comme les autres citoyens : qu'avons-nous à craindre ? Sommes-nous moins capables d'énergie, de réflexion, de bon sens, de dévouement, d'esprit de sacrifice ? Un catholique qui n'est pas un homme dans toute la force de ce mot, est-il vraiment un catholique ? La grâce ne repose-t-elle pas sur la nature ? n'a-t-elle point pour effet de la purifier, de l'élever, de la transfigurer ? Alors ? qu'avons-nous à craindre du progrès, de la liberté civique, de la solidarité sociale, de l'émancipation humaine, de toutes les transformations que la science, que les communications faciles, que les inventions de toutes sortes multiplient ? Rien ! Nous n'avons rien à craindre. J'ose dire que nous avons beaucoup à espérer. L'Évangile n'a pas donné tous ses fruits et le catholicisme n'a pas développé toutes ses forces. J'ai l'intime conviction que tout ce qui arrive autour de nous en France prépare pour l'Évangile et pour le catholicisme le plus merveilleux champ d'action qu'ils aient connu jusqu'ici. Nous ne faisons que commencer à l'apercevoir ; quelques-uns tournent les yeux vers lui ! Mais nous en sommes encore, pour la plupart, aux séparations nécessaires, aux ruptures avec les préjugés, avec les étroitesses, avec un monde qui s'en va. Laissez-le aller. Mais ne croyez pas que nous, catholiques, nous nous en allons !

Les bienfaits de la séparation laïque

En 1905, Louis Lafon, pasteur à Montauban, s'exprime dans le journal Le Siècle *sur les bienfaits de la séparation laïque.*

Je suis, et tous les protestants avec moi, pour la laïcisation complète de l'État. L'État n'a pas, par fonction, à distribuer aux citoyens les vérités ou les erreurs de la religion. Il est sur un autre terrain : ce qu'il distribue, c'est la justice, la liberté, le bien-être. La religion est affaire de conscience, l'affaire de la conscience individuelle. L'État n'a qu'à s'abstenir complètement de toute participation et de toute action dans le domaine religieux, et il a le droit et le devoir d'exiger en retour des Églises qu'elles ne se mêlent pas de vouloir le dominer, de le façonner à leur gré. Je pense que, dans cette appréciation du rôle de l'État vis-à-vis des Églises, je suis en communion d'idées avec tous les démocrates et un grand nombre de libres penseurs eux-mêmes…

La liberté d'association doit être complète pour les catholiques, les protestants et les juifs, aussi bien que pour les libres penseurs et les francs-maçons.

La crispation cléricale et la question des inventaires

Le 29 décembre 1905 est pris le décret d'administration publique sur les inventaires des biens ecclésiastiques avant leur dévolution aux associations cultuelles. À la perspective d'ouverture des tabernacles, certains catholiques très conservateurs, et des royalistes, suscitent de vifs troubles. La résistance aux inventaires n'est d'ailleurs pas approuvée par tout le clergé.

Le 11 février 1906, le pape Pie X dénonce la loi de séparation dans l'encyclique Vehementer Nos.

La grandeur de l'injure infligée au Siège apostolique par l'abrogation unilatérale du Concordat s'augmente encore – et d'une façon singulière – quand on se prend à considérer la forme dans laquelle l'État a effectué cette abrogation. C'est un principe, admis sans discussion dans le droit des gens et universellement observé par toutes les nations, que la rupture d'un traité doit être préventivement et régulièrement notifiée, d'une manière claire et explicite, à l'autre partie contractante par celle qui a l'intention de dénoncer le traité. Or, non seulement aucune dénonciation de ce genre n'a été faite au Saint-Siège, mais aucune indication quelconque ne lui a même été donnée à ce sujet.

En sorte que le gouvernement français n'a pas hésité à manquer vis-à-vis du Siège apostolique aux égards ordinaires et à la courtoisie dont on ne se dispense même pas vis-à-vis des États les plus petits. Et ses mandataires, qui étaient pourtant les représentants d'une nation catholique, n'ont pas craint de traiter avec mépris la dignité et le pouvoir du Pontife, chef suprême de l'Église, alors qu'ils auraient dû avoir pour cette puissance un respect supérieur à celui qu'inspirent toutes les autres puissances politiques, et d'autant plus grand que, d'une part, cette puissance a trait au bien éternel des âmes et que, sans limites de l'autre, elle s'étend partout.

Entre le 16 février et le 31 décembre 1906, Émile Chartier (1868-1951) publie, sous le pseudonyme d'Alain, 309 « Propos d'un Normand » dans La Dépêche de Rouen et de Normandie, *principal journal radical de Normandie. Certains abordent la loi de séparation. Il réfute ici l'argumentaire du pape contre la séparation.*

Le pape, dans son manifeste contre la loi de séparation, invoque le droit des gens. Il paraît qu'en rompant le traité qui nous unissait à l'Église, nous manquons à la foi jurée. Argument absurde, et qu'il faut réfuter sans se lasser, autant de fois qu'il se produira. Un contrat juste est un échange de services ; on le reconnaît à ceci, qu'il est avantageux pour les deux parties. L'injustice, dans un contrat de ce genre, consiste à imposer le contrat à l'autre, sans l'observer soi-même, c'est-à-dire à recevoir sans donner.

Si au contraire il plaît à l'une des parties de cesser de donner et de cesser de recevoir, elle le peut, à elle seule, et sans aucune injustice. Et l'autre partie n'a pas à se plaindre, si le contrat est juste, puisque alors, si elle cesse de recevoir, elle cesse aussi de donner.

Si l'une des parties peut annuler seule un contrat juste, comment soutenir qu'elle n'a pas le droit d'annuler un contrat injuste, c'est-à-dire un contrat d'après lequel elle donne sans recevoir ?

Seulement, dans ce cas, il se produit toujours une chose, c'est que l'autre partie proteste et se déclare lésée ; et c'est vrai en ce sens qu'elle cesse de profiter d'un contrat injuste. Le voleur, si on l'empêche de voler, crie au voleur !

Ainsi l'Église, en prétendant maintenir seule, et contre l'État, le contrat qui la lie à l'État, et en faisant le compte de ce qu'elle y perd, fait voir à tous les hommes raisonnables que ce contrat était injuste. L'Église nous dit ce qu'elle perd, donc elle recevait quelque chose ; elle ne nous dit point ce qu'elle gagne, donc elle ne donnait rien.

Alain,
« Propos d'un Normand »,
21 février 1906

Échange à la Chambre concernant la crise des inventaires entre des députés et Aristide Briand, rapporteur de la loi.

M. Briand. [...] La loi restera ce qu'elle est en réalité, bien différente de ce que vous auriez voulu : elle restera une loi de tolérance et d'équité... dont il ne tenait qu'à vous de faire une loi d'apaisement. *[Nouvelles interruptions à droite.]* Si elle devient une loi de meurtre, comme on l'a dit tout à l'heure, ce sera par vous ! *[Applaudissements à gauche et à l'extrême gauche. – Vives protestations à droite.]* Lorsque l'émotion des événements auxquels nous assistons se sera apaisée, quand ces braves gens qui se croient atteints, menacés dans leurs croyances et dans leur propriété... *[Oui ! oui ! à droite et sur divers bancs au centre.]*

M. Grousseau. La loi est exactement comprise par ceux qui crient « Au voleur ! » *[Bruit à gauche.]*

M. Briand. ... s'apercevront, une fois le calme revenu dans le pays, que vous avez abusé de leur crédulité... *[Applaudissements à gauche et à l'extrême gauche.]*

M. Lasies. On n'abuse pas de leur crédulité. Leurs consciences sont fières et libres.

M. Briand. ... quand ils comprendront que, dans tout ceci, il était moins question de religion que de politique... *[Vifs applaudissements à l'extrême gauche et à gauche.]*

M. de l'Estourbeillon. L'âme du peuple s'est instinctivement révoltée contre la loi. *[Bruit.]*

M. Briand. ... alors un revirement se produira dans leur esprit, et ils vous prendront en haine. *[Nouveaux applaudissements sur les mêmes bancs.]*

M. Maurice-Binder. Vous ne réussirez pas à donner le change !

M. Fernand de Ramel. Le bon sens public a vu la perfidie de la loi, et c'est lui qui dicte la résistance ! *[Bruit.]*

M. Briand. Quant à nous, Messieurs, malgré vous, malgré tous ces excès, nous saurons conserver notre sang-froid ; nous nous garderons de tout acte qui pourrait avoir pour conséquence ce que beaucoup, hélas ! désirent, appellent même de leurs vœux les plus ardents, au service de misérables desseins politiques, à savoir de mettre du sang sur la loi et sur la République.

Le concordat résiduel en Alsace-Moselle

Le maintien en Alsace-Moselle d'un régime concordataire aboutit à une discrimination officielle entre athées et croyants. À ce titre, il est vivement contesté.

Cet argumentaire, contenu dans une lettre ouverte aux candidats à l'élection présidentielle, rédigée lors d'un colloque national à Strasbourg le 8 décembre 2001 pour l'abrogation du statut clérical d'exception d'Alsace-Moselle, atteste des critiques encore vives que suscite cet état d'exception.

Partisans de l'absolue liberté de conscience, garantie par la loi de séparation des Églises et de l'État du 9 décembre 1905, nous considérons que le statut clérical d'exception et le régime d'exception scolaire d'Alsace-Moselle sont des violations de la laïcité républicaine.

Le statut clérical est antidémocratique

Celui-ci est constitué principalement de trois sources juridiques : le concordat de 1801 et ses articles organiques de 1802, de la loi Falloux du 15 mars 1850 et des lois allemandes du temps de l'annexion (1870-1918).

Rappelons que le concordat a été abrogé par une écrasante majorité parlementaire, appuyée par l'immensité de l'opinion publique en 1905, que la loi Falloux (mère de toutes les lois antilaïques) a été repoussée par la quasi-unanimité des députés de cette région lors de sa promulgation en 1850, que l'Allemagne à l'époque de l'annexion était un Empire et la France une République.

Ce statut d'exception est antilaïque

Il est fondé sur le communautarisme religieux, imposant par exemple qu'au sein de l'École publique les élèves soient différenciés selon des critères confessionnels ou encore qu'il y ait des cimetières différents selon la religion des défunts. La construction et l'entretien des cimetières religieux sont à la charge des communes, sauf pour le culte israélite. L'entretien, la réfection et le maintien des bâtiments religieux sont à la charge des communes et de l'État. Les maires ne peuvent participer au conseil de fabrique que s'ils sont de la religion concernée par celui-ci.

Les prêtres, évêques, vicaires, pasteurs et rabbins sont rétribués par l'État comme des agents publics du culte. L'Archevêque de Strasbourg perçoit un traitement à l'indice 925 de la grille de la Fonction publique (30 000 F par mois !).

Conformément à l'article 23 de loi Falloux, ce statut d'exception impose que les cours de religion dans l'École publique ne soient dispensés que par des enseignants partageant la confession qu'ils enseignent, en contradiction avec les principes de recrutement de la Fonction publique ouverte à tous au seul regard de leurs mérites. Et pour les élèves confiés à l'École publique, la règle est l'enseignement de la religion, l'exception est la dispense demandée par les parents.

Alors que la fréquentation des cours de religion ne cesse de diminuer pour atteindre moins de 10 % dans le secondaire, que le nombre de prêtres s'effondre (1 811 en 1988 et 1 064 en 2001), la dotation horaire globale (DHG) pour les cours de religion est la seule matière en France à ne jamais subir de fluctuation à la baisse, alors que les différents gouvernements ont supprimé des milliers d'heures de cours et de postes pour toutes les autres disciplines d'enseignement.

La seule matière scolaire dans ce pays qui ne souffre pas de l'austérité et des critères de convergences des traités européens, c'est l'enseignement des religions en Alsace-Moselle !

Le Ministre Claude Allègre a même créé cette monstruosité juridique que sont les CAPES (concours national ouvrant droit à mutation sur l'ensemble du territoire) de religion qui préfigurent l'enseignement des religions dans l'ensemble des écoles publiques du pays. Présentés comme « exceptionnels », ces concours sont désormais pérennisés par Jack Lang. La France est aujourd'hui le seul pays au monde à encore désigner des évêques à Metz et un archevêque depuis 1996 à Strasbourg !

Ce statut pille les fonds publics

Alors que l'on nous explique que les retraites sont un problème et qu'il faudra que les salariés cotisent toujours davantage et toujours plus longtemps, les personnels cultuels pourront toucher, sous certaines conditions, la totalité de leur pension s'ils ont exercé pendant au moins dix ans.

Les salaires des religieux, payés sur les fonds publics, représentaient 192 738 778 F en 1992, ils sont de 209 471 762 F en 2001 ; les cotisations sociales (payées par l'État pour eux) se montaient à 569 289 F en 1992, elles sont de 19 988 273 F en 2001 ; les frais d'entretien et d'administration des cultes représentaient 162 106 F en 1992, ils sont de 5 995 384 F en 2001. (Source : Avis parlementaire sur la loi de finances 2002 de M. René Dosière, député socialiste). Le moins que l'on puisse dire est que le financement public des religions ne souffre pas de « modération salariale et budgétaire ». C'est un véritable pillage des fonds publics pour maintenir contre vents et marées le cléricalisme institutionnel dans notre pays !

Texte communiqué par la Libre Pensé

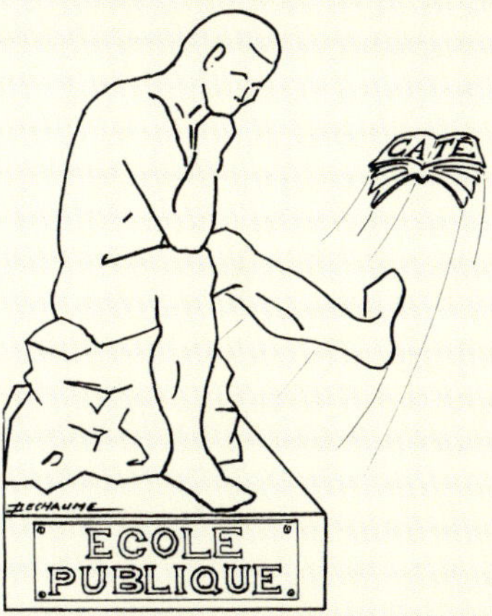

L'École publique, symbolisée par le *Penseur* de Rodin, s'interdit tout catéchisme. Si elle permet l'étude objective du fait religieux, comme du fait mythologique et du patrimoine artistique, entre autres, elle ne peut promouvoir aucune croyance. « Les connaissances sont universelles, les croyances particulières. » Condorcet précisait ainsi le sens de l'École laïque, soucieuse d'instruire sans jamais endoctriner. À cet égard, la présence en Alsace-Moselle de « cours » de religions dispensés par des personnes qui choisissent les responsables religieux au sein des écoles publiques est vécue comme discriminatoire par les citoyens athées ou agnostiques, mais aussi par ceux dont la religion n'est pas représentée du fait que le régime concordataire accorde des privilèges à trois confessions (catholique, protestante, israélite). De tels cours sont le contre-modèle de ce que peut être une approche laïque du fait religieux.

Débats actuels et polémiques

Financement public d'écoles privées, signes d'appartenance religieuse dans l'école publique, maintien des privilèges concordataires en Alsace-Moselle, volonté d'emprise sur l'école publique au nom de la connaissance du fait religieux dans les programmes d'enseignement, appellations polémiques comme celle de «laïcité ouverte» sont autant d'atteintes incontestables à la laïcité. Certains penseurs objectent qu'il s'agit d'« accommodements raisonnables », compatibles avec la laïcité.

« Profs, ne capitulons pas ! »

La première affaire du voile, en 1989, donne l'occasion à cinq personnalités de s'étonner publiquement de l'irrésolution du ministre de l'époque, et de rappeler l'importance de la laïcité scolaire.

Monsieur le Ministre,

L'avenir dira si l'année du Bicentenaire aura vu le Munich de l'école républicaine. Il est bon, dites-vous, d'apaiser les esprits sans faire le jeu des fanatiques. Vous auriez sauvé la paix scolaire et la paix sociale, moyennant quelques concessions de détail. Et vous seriez, bien entendu, intraitable sur l'essentiel… Vous dites, Monsieur le Ministre, qu'il est exclu d'exclure. Bien que touchés par votre gentillesse nous vous répondons, avec Mohammed Harbi, qu'il est permis d'interdire. Une exclusion n'est discriminatoire que lorsqu'elle vise celui ou celle qui a respecté les règles en vigueur dans un établissement. Lorsqu'elle touche l'élève qui a enfreint les règles en vigueur, elle est disciplinaire. La confusion actuelle entre discipline et discrimination ruine la discipline. Et s'il n'y a plus de discipline possible, comment enseigner les disciplines ? Si l'on n'applique la loi qu'à ceux qui veulent bien s'y soumettre, comment un professeur peut-il exercer son métier ? Négocier, comme vous le faites, en annonçant que l'on va céder, cela porte un nom : capituler. Une telle « diplomatie » ne fait qu'enhardir ceux-là mêmes qu'elle se propose d'amadouer – et s'ils demandent demain que l'étude des Rushdie (Spinoza, Voltaire, Baudelaire, Rimbaud…) qui encombrent notre enseignement soit épargnée à leurs enfants, comment le leur refuser ? Par l'exclusion ? N'avez-vous pas désavoué l'autorité des professeurs et des chefs d'établissement en donnant l'impression que vous identifiez automatiquement l'exclusion au racisme ? Il faut que les élèves aient le plaisir d'oublier leur communauté d'origine et de penser à autre chose que ce qu'ils sont pour pouvoir penser par eux-mêmes. Si l'on veut que les professeurs puissent les y aider, et l'école rester ce qu'elle est – un lieu d'émancipation –, les appartenances ne doivent pas faire la loi à l'école. En dérogeant à ce principe fondateur, vous ne revalorisez pas, comme vous vous en faites gloire, la condition enseignante : vous rendez la vie déjà difficile de ceux qu'on a hélas ! cessé d'appeler les instituteurs et les professeurs plus impossible encore, et vous trahissez la mission de l'école. Le droit à la différence qui vous est si cher n'est une liberté que si elle est assortie du droit d'être différent de sa différence. Dans le cas contraire, c'est un piège, voire un esclavage. Ce n'est pas, Monsieur le Ministre, en réunissant dans le même lieu un petit catholique, un petit musulman, un petit juif que se construit l'école laïque. L'école s'efforce d'installer un espace où l'autorité se fonde sur la raison et sur l'expérience : cela est accessible à tous. À ce titre, et parce qu'elle s'adresse à tous, l'école n'admet aucun signe distinctif marquant délibérément et *a priori* l'appartenance de ceux qu'elle accueille. Elle ne peut admettre non plus quelque dérogation que ce soit aux programmes ou à l'emploi du temps. Le respect des traditions ne la concerne pas : ne sont respectables que les traditions et les différences qui ne contrarient ni les droits de l'homme, ni le principe du libre examen. Or, en affirmant une croyance comme étant au-dessus de tous, en affirmant une distinction de nature entre les êtres humains, le foulard islamique contredit les deux principes. « Accueillir tous les enfants », dites-vous. Oui. Mais cela n'a jamais signifié faire entrer à l'école, avec eux, la religion de leurs parents, telle quelle. Tolérer le foulard islamique, ce n'est pas accueillir un être libre (en l'occurrence une jeune fille), c'est ouvrir la porte à ceux qui ont décidé, une fois pour toutes et sans discussion, de lui faire plier l'échine. Au lieu d'offrir à cette jeune fille un espace de liberté, vous lui signifiez qu'il n'y a pas de différence entre l'école et la maison de son père. En autorisant *de facto* le foulard islamique, symbole de la soumission féminine, vous donnez un blanc-seing aux pères et aux frères, c'est-à-dire au patriarcat le plus dur de la planète. En dernier ressort, ce n'est plus le respect de l'égalité des sexes et du libre arbitre qui fait loi en France. D'une seule phrase, vous avez désarmé ces milliers de jeunes musulmanes qui se battent ici et là pour leur dignité et leur liberté. Leur plus sûr allié contre l'autoritarisme des pères était l'école laïque et républicaine. Aujourd'hui, elles l'ont perdu. Vous avez fait un marché de dupes, Monsieur le Ministre, en échangeant la libération et l'intégration, certaines et constatables, des jeunes filles musulmanes contre l'espoir hypothétique d'un retour à la tolérance des intégristes, par définition ennemis de la tolérance. Les partisans de la « nouvelle laïcité », au rang desquels vous vous placez, prônent une tolérance indistincte. Ils veulent une école ouverte aux pressions communautaires, religieuses, économiques, une école où chaque professeur est tenu de se plier à l'environnement social, une école où chaque élève est constamment rendu à ses parents, rappelé à sa condition, rivé à ses « racines » : c'est une école de la prédestination sociale. D'un même mouvement, elle s'offre au monde de l'entreprise et aux dignitaires religieux : c'est une école à vendre, une école asservie à la loi du milieu et aux particularismes extérieurs. Dans notre société, l'école est la seule institution qui soit dévolue à l'universel. C'est pourquoi les femmes et les hommes libres ne sont pas prêts à transiger sur son indépendance de principe, perpétuellement menacée par les pouvoirs de fait, économiques, idéologiques ou religieux.

Neutralité n'est pas passivité, ni liberté simple tolérance. La laïcité a toujours été un rapport de forces. Est-ce au moment où les religions sont de nouveau en appétit de combat qu'il faut abandonner ce que vous appelez la « laïcité de combat » au profit des bons sentiments ? La laïcité est et demeure par principe une bataille, comme le sont l'école publique, la République et la liberté elle-même. Leur survie nous impose à tous une discipline, des sacrifices et un peu de courage.

Personne, nulle part, ne défend la citoyenneté en baissant les bras avec bienveillance. La figure française de la démocratie a pour nom République. Ce n'est pas une mosaïque de ghettos où la liberté pour tous peut venir habiller la loi du plus fort. Vouée au libre examen, liée à l'essor des connaissances et confiante dans la seule lumière naturelle des hommes, la République a pour fondement l'École. C'est pourquoi la destruction de l'École précipiterait celle de la République. Nous avons l'honneur, Monsieur le Ministre, de vous informer que ce sont les élèves que nous continuerons d'accueillir, et non la religion de leurs parents. Vous comprendrez donc que nous appelions nos collègues des enseignements primaire, secondaire et supérieur, à manifester leur accord avec ce texte. Et vous aurez aussi compris, Monsieur le Ministre, que c'est un sentiment d'amitié républicaine qui nous a incités à vous écrire librement : la République est la chose de tous.

Elisabeth Badinter,
Regis Debray, Alain Finkielkraut,
Elisabeth Fontenay, Catherine Kintzler,
Le Nouvel Observateur,
2-8 novembre 1989

« Ne laissons pas la parole aux fanatiques ! »

Des intellectuels musulmans ont lu cet l'appel. Voici leur réaction.

Ce texte développe un ensemble de principes et de choix auxquels nous nous identifions. Mais il le fait en s'inscrivant totalement, et à juste titre, dans le débat politique français, qui ne saurait être le nôtre. Intellectuels originaires d'une terre d'islam, nous ne prétendons pas parler au nom d'une communauté traversée par de multiples courants mais en notre nom propre. Cette communauté vit en état de malaise parce qu'elle craint que, derrière le débat sur le voile, se dissimulent des réactionsde rejet.

Ce que nous voulons rappeler en écho à ce texte, c'est que la question du voile se pose aujourd'hui moins comme un problème religieux que comme un problème social et politique : celui du statut des femmes de croyance musulmane dans une société laïque.

Nous sommes convaincus que la société française ne saurait s'ouvrir sans réticence à des populations de tradition islamique que si ses acquis fondamentaux ne sont pas remis en question. La laïcité est un de ces acquis. Elle est une arme donnée aux adversaires des ghettos, un moyen offert à celles et à ceux qui veulent s'arracher au poids des traditions qui violent des jeunes consciences.

En concédant le port du voile aux intégristes, on confère à la partie la plus rétrograde de la communauté le rôle de représentant ; on met les forces laïques, dont les femmes sont la composante la plus conséquente, dans une situation difficile. Or ces forces sont les seules porteuses d'une tradition d'ouverture à l'autre et de tolérance.

Aux musulmans de France, nous disons : ne permettez pas aux fanatiques de monopoliser la parole et de diviser les forces favorables à votre intégration. Sortez de votre réserve et de votre silence. La voie d'une existence normale en France est à votre portée, même si elle n'ira pas sans problèmes. Prenez la responsabilité vous-mêmes d'élaborer des réformes nécessaires à votre vie dans une société pluriconfessionnelle dont les traditions démocratiques et le fonctionnement sont totalement différents de ce que vous appelez *« dar al-islam »* (pays d'islam). De l'extérieur, personne ne le fera pour vous. Votre liberté leur fait peur.

Mohamed Harbi, Haylham Manna,
Homa Nategh, Nasser Pakdaman,
Mustapha Merchaoui,
Fawzia Ghouzlanh, Bahman Nirumand

Témoignages décisifs devant la commission Stasi : la révolte de deux femmes contre l'oppression

La laïcité et l'émancipation des femmes ont partie liée, car les fondamentalismes religieux n'on jamais respecté l'égalité des sexes. Figés dans une interprétation littérale des textes sacrés, ils entendent assigner les femmes à un rôle subalterne, et leur imposer la soumission absolue. Chahdortt Djavann, écrivaine iranienne, clame son indignation.

Qu'est ce qu'on fait quand on voile une fillette ? Qu'est-ce qu'on essaie de lui inculquer ? Dès l'âge de 9 ans, on voile les filles, parfois même avant, beaucoup plus avant : à 6 ans. Quand on voile une petite fillette, on lui inculque son infériorité, la culpabilité de sa sexualité féminine ; on la met sur le marché du sexe et du mariage. Une fille voilée, ça veut dire une fille nubile, une fille consommée. On ne voile pas une fille avant qu'elle ne soit consommable, avant qu'elle ne soit mariable : on voile une fille parce qu'on lui inculque que sa chevelure, les formes de son corps, à tout moment, peuvent faire perdre le contrôle de soi aux hommes. Les hommes peuvent perdre leur contrôle rien qu'à la vue de la chevelure de la petite fille. Et cela relève, tout ce désir sexuel de la part de l'homme, quel que soit son âge, de la responsabilité, de la culpabilité de la petite fillette.

J'aimerai dire aussi que dans tous les pays musulmans, ce qui est considéré, aujourd'hui, dans les pays démocratiques comme de la pédophilie, non seulement n'est pas considéré comme de la pédophilie mais est institutionnalisé. Les mariages des filles de 12, 14, 13, 9, 10, 7 ans avec des messieurs vieillissants ou d'un certain âge, sont des faits irréfutables dans tous les pays musulmans.

Et il faut savoir que quand on voile une fillette dans une famille, on inculque du coup à ses frères que le sort de sa sœur, de ses sœurs, relève de sa responsabilité, que sa sœur, c'est son honneur sexuel : qui osera approcher la fillette, la jeune adolescente, aura affaire avec les frères.

Mais ici, voiler une fillette, c'est en faire un objet sexuel, rien que ça, mais aussi c'est lui ôter toute sa possibilité de devenir un être humain, un être pensant ;

admettre qu'il y a le droit puisque la fillette n'est pas dans le droit : la fillette doit cacher sa chevelure, son corps aux regards des hommes et les hommes ont le droit sur les femmes.

Donc je demande qu'au moins dans les pays démocratiques, le fait de faire porter le voile aux mineures soit considéré comme une maltraitance psychique, une maltraitance physique, une maltraitance sociale et une maltraitance sexuelle.

Fadela Amara, présidente du mouvement «Ni putes, ni soumises» en appelle, dans une démarche exemplaire, au courage de résister.

Nous avons constaté la chose suivante: dans les débats qui sont apparus ces dernières années sur la question de la laïcité – qui reviennent d'ailleurs en force en 89 et aujourd'hui – on voit s'exprimer des personnes qui nous expliquent, qu'au nom de la laïcité, on peut porter le voile dans les services publics et dans nos établissements scolaires.

En tant que femme musulmane, ça me pose un vrai problème : j'entends le fait de la liberté individuelle, j'entends le fait de la liberté de conscience mais j'entends surtout la confiscation de la liberté de la femme, et ça relève pour moi du fait qu'on est tout simplement en train de grignoter leur statut. Ce qui m'a posé un problème, c'est qu'à un moment donné, on a beaucoup parlé du droit de porter le voile mais j'ai très peu entendu toutes ces filles qui refusent de le porter, ce que j'appelle moi, même si le mot peut paraître fort, mais c'est mon sentiment, les résistantes, tout simplement parce qu'on ne les entend pas et parce que c'est une sorte de majorité silencieuse.

Pour les histoires de voile, je constate la chose suivante : j'habite toujours la cité, je sillonne beaucoup la France et je constate qu'elles sont minoritaires mais qu'elles sont très visibles et qu'on les voit partout. Partout d'ailleurs que ce soit dans la sphère publique ou dans la sphère privée, et de plus en plus, on a l'impression que partout dans les cités se propage le voile.

Ce qui est paradoxal : c'est une vérité sans être une vérité.

Moi je voudrais qu'on parle aussi des filles qui ne portent pas le voile et qui sont menacées par cette pression qui est portée justement par ces filles qui portent le voile. Car il faut bien comprendre que dans une cité aujourd'hui, une fille qui porte le voile est respectable, et si elle ne porte pas le voile, elle ne l'est pas. Ce qui fait qu'à un moment donné, les garçons, dans le comportement qu'ils peuvent avoir avec une fille qui porte le voile, les respectent, voire détournent les yeux. Par contre, quand c'est une fille qui ne porte pas le voile, ils se permettent des comportements qui sont condamnables. Donc à partir de là, j'aimerais qu'on entende ces filles-là.

Quand on parle de la laïcité, il faut aussi que ces filles-là puissent s'exprimer sur ces questions, qu'on se rende compte que même si ça relève d'une liberté individuelle, pour moi, il très important qu'on se rende compte que dans les cités (c'est un terrain que je connais bien), nous avons beaucoup d'associations qui sont des associations musulmanes et qui obligent les filles à porter le voile.

Source : laic info.
URL du site http://www.laic.info

Critique de la loi Debré

La critique de la loi Debré, qui permet le financement public d'écoles religieuses, est encore très présente dans les organisations de défense de la laïcité. L'argumentaire qui suit est dû à Christian Eyschen, secrétaire général de la Libre Pensée.

[…] Tout d'abord, rappelons quelques faits historiques. Les lois Jules Ferry ont construit un édifice scolaire républicain et laïque. La loi Goblet du 30 octobre 1886 abrogeait une grande partie de la loi scélérate du comte de Falloux de 1850, notamment celle qui traitait de l'enseignement primaire.

Désormais, la République interdisait tout financement public des écoles privées primaires par les communes, les départements et par l'État. La loi de séparation du 9 décembre 1905 étendait cette interdiction de financement public à toutes les activités cultuelles et religieuses.

Comme le disait Émile Combes dans son ouvrage *Une campagne laïque* : « La séparation des Églises et de l'État devait apparaître immanquablement comme une mesure juste, libérale, anodine. Elle équivalait pour le paysan comme pour l'ouvrier à libérer l'État, partant le contribuable, de toute charge financière à l'égard de l'Église. Paierait le prêtre qui userait du prêtre. C'était la règle de l'offre et de la demande appliquée aux choses de la religion, comme à toutes les choses qui sont dans le commerce.

À ceux qui feindraient de s'effaroucher d'une comparaison semblable, il suffirait de faire observer que l'Église est organisée, au point de vue des services, comme une colossale maison de commerce, où toutes les marchandises sont cataloguées suivant des tarifs susceptibles d'un maximum et d'un minimum.

Sous le régime concordataire, l'État pouvait à la rigueur avoir la prétention d'intervenir dans ces tarifs, puisqu'il garantissait aux ministres du culte le vivre et le couvert. La séparation faisant l'Église indépendante de l'État, il n'appartiendra qu'à ceux-là qui recourront aux bons offices du prêtre d'en débattre le prix avec lui. »

C'était étendre la laïcité de la loi Goblet à l'ensemble des services publics. Libre à celui qui voulait voir son enfant scolariser ailleurs que dans l'École publique de payer et de négocier avec l'Église pour l'enseignement de sa progéniture dans les réseaux catholiques.

L'État avait l'obligation de pouvoir permettre la scolarisation de l'ensemble de la jeunesse scolaire du pays. Mais libres à ceux qui n'en voulaient pas de payer le service privé qu'ils demandaient par ailleurs.

De la même manière, l'État a l'obligation d'organiser et de financer des transports publics à la disposition de tous. Celui qui veut utiliser son véhicule personnel n'a pas à demander le remboursement de l'essence dépensée.

Après le vote des lois de 1881, 1882 et 1886, en à peine une génération, 95 % des enfants étaient scolarisés à l'École publique laïque et à l'époque, on sortait de l'École en sachant lire, écrire et compter […].

La loi Astier de 1919 a été la première brèche dans la laïcité de l'école puisqu'elle permettait le financement public des établissements techniques privés. Le régime de Vichy a continué dans cette voie au nom de « la divine surprise ». Mais c'est incontestablement la Ve République qui alla plus loin, plus vite et plus fort.

La loi Debré du 31 décembre 1959 donnait un caractère public à l'enseignement privé et donc remboursait les salaires des maîtres des écoles catholiques sur les fonds publics, tout en maintenant leur caractère propre. D'autres lois depuis, des gouvernements de droite comme de gauche, ont amplifié le détournement des fonds publics.

[...] Garibaldi avait bien raison de noter à propos des cléricaux que : « Semblables aux plantes parasites, ils veulent vivre et manger aux dépens des autres et non contents de manger comme un, ils prétendent manger comme cent ». Leur appétit est insatiable.

C'est ainsi, qu'au nom de la loi Debré, aggravée par toutes les autres lois antilaïques, l'État va verser près de 38 milliards de francs en 2001 à l'enseignement privé à 95 % catholique. Cela représente 200 000 postes de fonctionnaires dans l'Éducation nationale, charges sociales comprises, qui sont ainsi directement volés à l'enseignement public.

Imaginez un seul instant ce que cela donnerait : 200 000 emplois en plus dans nos écoles ! Il n'y aurait plus de classes surchargées, les élèves auraient assez de surveillants pour éviter tous les problèmes de violence et d'insécurité que l'on connaît aujourd'hui. On ne connaîtrait plus autant d'échecs scolaires et ce nombre ahurissant d'élèves n'ayant pas les connaissances minimales pour lire, écrire et compter correctement.

[...] Dans son éditorial, le président de la FNOGEC conclut : « À notre place de gestionnaires d'établissements catholiques, nous prenons place dans cette cohorte en mission d'Église, nous situant parmi les intendants de la terre et du monde de Jésus Christ. » Le financement public de l'enseignement catholique est donc une violation flagrante de la laïcité qui interdit tout financement d'activités cultuelles par les collectivités publiques.

Actes des Assises nationales laïques
au Grand Orient de France
du 24 juin 2001

Laicité ouverte : une notion-piège

L'esprit d'ouverture est une qualité. Mais il ne prend sens que par opposition à un défaut : la fermeture. C'est pourquoi on n'éprouve la nécessité d'ouvrir que ce qui exclut, enferme, et assujettit. Et on le fait au nom d'idéaux qui quant à eux formulent tout haut des exigences de justice. Les droits de l'homme, par exemple, proclament la liberté et l'égalité pour tous les êtres sans discrimination d'origine, de sexe, de religion ou de conviction spirituelle. Viendrait-il à l'idée de dire que les « droits de l'homme » doivent « s'ouvrir » ?

Faisons le même raisonnement pour la notion polémique et mal intentionnée de « laïcité ouverte ». La laïcité, rappelons-le, c'est l'affirmation simultanée de trois valeurs qui sont aussi des principes d'organisation politique : la liberté de conscience fondée sur l'autonomie de la personne et de sa sphère privée, la pleine égalité des athées, des agnostiques et des divers croyants, et le souci d'universalité de la sphère publique, la loi commune ne devant promouvoir que ce qui est d'intérêt commun à tous. Ainsi comprise, la laïcité n'a pas à s'ouvrir ou à se fermer. Elle doit vivre, tout simplement, sans aucun empiétement sur les principes qui font d'elle un idéal de concorde, ouvert à tous sans discrimination.

La notion de laïcité ouverte est maniée par ceux qui en réalité contestent la vraie laïcité, mais n'osent pas s'opposer franchement aux valeurs qui la définissent. Que pourrait signifier ouvrir la laïcité, sinon mettre en cause un de ses trois principes constitutifs, voire les trois en même temps ? Qu'on en juge.

Faut-il une liberté de conscience « ouverte » ? Mais si les mots ont un sens cela veut dire qu'une autre exigence que la liberté de conscience doit être reconnue, et que serait-elle sinon l'imposition d'un credo, comme par exemple l'obligation de se conformer à un certain code religieux ? Cas limite de cette obligation : l'intégrisme, qui d'une certaine norme religieuse veut faire une loi politique. La condamnation du divorce, ou de l'apostasie, ou de l'humanisme athée, est souvent pratiquée par des religieux qui ne cessent de parler de laïcité ouverte.

Faut-il une égalité « ouverte » ? Qu'est-ce à dire sinon que certains privilèges maintenus pour les croyances religieuses seraient compatibles avec une telle « laïcité », qui consisterait donc à donner plus de droits aux croyants qu'aux athées dans la sphère publique ? Des dignitaires catholiques peuvent ainsi, simultanément, plaider pour une « laïcité ouverte » et refuser publiquement de remettre en cause le régime concordataire d'Alsace-Moselle, qui pourtant prévoit des privilèges pour trois religions (catholique, protestante et judaïque) notamment par un subventionnement public tant des ministres du culte que d'un enseignement confessionnel dans les écoles publiques. Pourquoi pas un enseignement des autres religions et de l'athéisme pour ceux qui le veulent ? Une telle voie ne réaliserait l'égalité qu'en fractionnant indéfiniment la sphère publique, oblitérée alors par la mosaïque des communautarismes, alors qu'elle doit rester le lieu d'affirmation et de promotion de ce qui est commun à tous.

Henri Pena-Ruiz

L'enseignement du fait religieux

La question de la place du fait religieux dans la culture a donné lieu à un débat qui n'est pas clos. Sous prétexte de combler une carence du savoir des élèves, certains penseurs religieux rêvent en effet d'une réintroduction des religions dans l'école publique. En réalité, il serait urgent de récuser toute confusion entre la finalité culturelle d'un enseignement laïque portant sur le fait religieux, entre autres, et le projet prosélyte inavoué qui se dissimule sous l'invocation d'une telle finalité. C'est d'ailleurs l'ensemble des humanités que l'école laïque a pour mission de faire connaître, sans privilège pour les religions. Les grands univers mythologiques, les divers humanismes, y ont leur place légitime, à égalité de traitement avec le phénomène religieux. La déontologie laïque exclut que les représentants des confessions soient sollicités dans une telle perspective. On trouvera ici une mise au point sur la question.

L'école laïque reste fidèle à ses exigences dès lors qu'elle traite le fait religieux comme les autres faits de l'histoire humaine : avec la distance requise par l'approche objective, fidèle au souci de faire connaître et faire réfléchir, et excluant tout prosélytisme comme tout dénigrement. Les différentes églises, hors de l'École, et sur la base d'une démarche volontaire des familles, peuvent par ailleurs promouvoir leurs « messages » respectifs dans la sphère privée, qui ne se réduit pas à la conscience individuelle, puisqu'elle comporte les associations de droit privé.

À l'évidence, il y a bien deux façons rigoureusement distinctes d'aborder la religion, et la confusion des genres n'est pas de mise. Il est sans doute vrai qu'instituteurs et professeurs ont longtemps préféré la discrétion – à la fois par respect de la déontologie laïque et par souci de ne pas réveiller les procès d'intention. Mais il faut rappeler, avant de s'en indigner, qu'une telle discrétion a d'abord relevé du souci de n'aborder le domaine des croyances, par définition variables selon les individus ou les groupes, qu'avec la plus extrême précaution, afin de ne blesser personne, et de respecter justement la sphère privée. L'Église catholique a d'ailleurs longtemps exigé une telle retenue, considérant qu'il lui revenait de parler de la religion qu'elle préconise, et de le faire à sa manière. Aujourd'hui encore, la question ne semble pas tranchée pour tout le monde, puisque les avis divergent sur les modalités mêmes de l'approche scolaire du phénomène religieux, et le type d'enseignement ou d'enseignants qui lui conviendrait, selon qu'on respecte ou non la laïcité.

Certains milieux proches des grandes confessions récusent par avance toute modalité réflexive et objective, sous prétexte qu'elle manquerait la signification profonde de la foi, et ne cessent de thématiser le manque supposé en termes de « sensibilisation religieuse », ou de « culture religieuse » – ce qui reste très ambigu : le qualificatif « religieux » appliqué à la démarche d'instruction fait passer du côté du point de vue et de la parole enseignants ce qui devrait rester du côté de l'objet d'étude. Cette confusion du sujet et de l'objet peut ouvrir la voie à des approches incompatibles avec l'exigence de neutralité laïque. Aurait-on idée d'appeler « culture libertine » ou « sensibilisation libertine » une approche réflexive du phénomène historique et culturel du libertinage, ou encore « culture athée » la réflexion sur les humanismes sans dieu ?

Quant à l'idée selon laquelle une telle « sensibilisation religieuse » permettrait d'aborder la question du sens, elle relève d'un double présupposé qui s'accorde mal avec la réalité. Il est suggéré d'une part que l'enseignement laïque n'assume pas la question du sens, et d'autre part que celle-ci est du ressort de la seule spiritualité religieuse. Sur le premier point, il convient de rappeler que les programmes d'enseignement visent explicitement la formation du jugement éclairé, irréductible à la simple mémorisation de savoirs disparates.

La compréhension scientifique du monde, le développement de la sensibilité littéraire et artistique, la culture historique, la réflexion philosophique sur les fins et les fondements, pour ne citer que ces exemples, constituent autant de types d'approches actives du sens de l'expérience humaine, et c'est toute la dimension d'éducation à la liberté qui se joue ainsi. Sur le second point, s'il ne s'agit pas de nier l'importance de la spiritualité religieuse, il ne saurait être question d'oublier les autres formes de spiritualité. Toute la tradition philosophique illustre une aventure de l'esprit humain distincte de la croyance religieuse, et fait apparaître cette dernière comme une version, parmi d'autres, de la spiritualité.

La conception laïque de l'enseignement permet une véritable ouverture spirituelle, qu'elle ne dissocie pas de la distance réflexive à instituer pour fonder véritablement l'autonomie morale et intellectuelle de la personne. Sans pratiquer le relativisme, il lui appartient de se référer à toutes les traditions religieuses et philosophiques et, pour chacune d'elles, de développer une approche équilibrée, soucieuse de n'écarter aucune connaissance permettant tout à la fois de la comprendre, et d'en mettre à l'épreuve la signification au regard des développements historiques qui s'en sont réclamés – sinon inspirés.

Henri Pena-Ruiz

BIBLIOGRAPHIE

– Al-Ashmawy, Muhammad Saïd, *L'Islam politique*, La Découverte, Paris, et Al-Fikr, Le Caire, 1989.
– Altschuli, E., *Le Voile contre l'école*, Le Seuil, 1995.
– Andrau, R., *Dieu, l'Europe et les politiques*, Bruno Leprince Éditeur, 2002.
– Bauberot, J., et al., *Histoire de la laïcité*, CRDP de Franche-Comté, 2003.
– Bauberot, J., *Vers un nouveau pacte laïque?*, Le Seuil, 1990.
– Bencheikh, S., *Marianne et le prophète. L'islam dans la France laïque*, Grasset, 1999.
– Boussinesq, J., *La Laïcité française*, Le Seuil, 1994.
– Buisson, F., *La Foi laïque*, Fischbacher, 1900.
– Chahdortt, D., *Bas les voiles*, Gallimard, Paris, 2003.
– Coq, G., *Laïcité et République : le lien nécessaire*, Éditions du Félin, 1995.
– Costa-Lascoux, J., *Les Trois Âges de la laïcité*, Hachette, 1996.
– Coutel, Ch., *La République et l'École*, Pocket, coll. « Agora », 1991.
– Debray, R., *Contretemps, Éloge des idéaux perdus*, Gallimard, coll. « Folio Actuel », 1992.
– Eyschen, C., *La Libre Pensée contre l'Église*, Ed. de la Libre Pensée, Paris 2002.
– Favret-Saada, J., *Le christianisme et ses juifs*, Le Seuil, Paris, 2004.
– Fourest, C., *Frère Tarik*, Grasset, Paris, 2004.
Venner Fiametta Tirs croisés : la laïcité à l'épreuve des intégrismes juif, chrétien et musulman, Calman-Lévy, Paris, 2003.
Foi contre Choix, Editions Golias, Paris, 2001.
– Gauchet, M., *Le Désenchantement du monde*, Gallimard, 1989.
– Gauchet, M., *La Religion dans la démocratie*, Gallimard, coll. « Folio Essais », 1998.
– Haarscher, G., *La Laïcité*, PUF, coll. « Que sais-je ? », 1996.
– Hervieu-Léger, D., *La Religion en miettes ou la question des sectes*, Calman-Lévy, 2001.
– Kintzler, C., *La République en questions*, Minerve, 1995.
– Kintzler, C., *Condorcet : l'instruction publique et la formation du citoyen*, Gallimard, coll. « Folio Essais », 1984.
– Kintzler, C., *Tolérance et laïcité*, Pleins Feux, 1998.
– Mély, B., *De la séparation des Églises et de l'école*, Éditions Page deux, Lausanne, 2005.
– Menasseyre, C., et Kintzler, C., « Laïcité », Les notions philosophiques : dictionnaire, in *Encyclopédie philosophique universelle*, vol. 2, PUF, 1990.
– Muglioni, J., *L'École ou le loisir de penser*, textes réunis et présentés par Jacques Billard, CNDP, 1993.
– Pena-Ruiz, H., *Dieu et Marianne. Philosophie de la laïcité,* PUF, 2001 (2e éd.).
– Pena-Ruiz, H., *Qu'est-ce que la laïcité ?* Gallimard, coll. « Folio Actuel », 2003.
– Pena-Ruiz, H., *La Laïcité,* Flammarion, coll. « Corpus », 2003.
– Pena-Ruiz, H., et Scot, J.-P., *Un poète en politique : les combats de Victor Hugo*, Flammarion, 2002.
– Pion, E., *L'Avenir laïque*, Denoël, 1991.
– Saada-Gendron, J., *La Tolérance*, Flammarion, coll. « Corpus », 1999.
– Sallenave, D., *Dieu.com*, Gallimard, Paris, 2004.
– Schiappa, J. M., (dir) *1905 !* Éditions Syllepse, Paris, 2005.
– Scot, J.-P., *L'État chez lui et l'Église chez elle. Comprendre la loi de 1905*, Le Seuil, 2005.
– Streiff, B., *Le peintre et le philosophe ou Rembrandt et Spinoza à Amsterdam*, Éditions Complicités, 2001.
– Zakariya, F., *Laïcité ou Islamisme : les Arabes à l'heure du choix*, La Découverte, coll. « Textes à l'appui », 1990.
– *1905, la séparation des Églises et de l'État, les textes fondateurs*, présenté par D. de Villepin, Perrin, coll. « Tempus », 2004.

TABLE DES ILLUSTRATIONS

COUVERTURE

1er plat L'Histoire, détail du bas-relief de Lemot à la tribune de l'orateur, Assemblée nationale, Paris.
Dos *La République française*, peinture d'Antoine Gros. Château de Versailles.
2e plat Manifestation contre le projet de loi Bayrou à Paris, en 1994.

OUVERTURE

1 Marianne, symbole de la République française, sculpture, XIXe siècle, Savines-le-Lac (Hautes-Alpes).
2-3 Buste de Marianne, fin XIXe siècle.
4-5 Buste de Marianne, fin XIXe siècle.
6-7 Buste de Marianne, fin XIXe siècle.
9 Les quatre parties du monde se réunissant autour de la colombe de la paix, détail de *La Guerre et la Paix*, panneau décoratif de Pablo Picasso, 1952. Musée Picasso, Vallauris.

CHAPITRE 1

10 *La rue Montorgueil à Paris*, peinture de Claude Monet, 1878. Musée d'Orsay, Paris.
11 *Déclaration des droits de l'Homme et du Citoyen*. La Monarchie, tenant les chaînes brisées de la Tyrannie, et le génie de la Nation, tenant le spectre du pouvoir, entourent le préambule de la Déclaration, peinture attribuée à Jean-Jacques-François dit l'Aîné, fin XVIIIe siècle. Musée Carnavalet, Paris.
12 Manifestation contre l'avortement, New York, Rockefeller Center, 1991.
13h *Kadosh*, film réalisé par Amos Gitaï, avec Yael Abecassis, Yssuf Abu-Warda, 1999.
13b Femmes afghanes portant le *burka*, janvier 2004.
14h Déclaration des droits de l'homme et du citoyen, Constitution de l'an II, 22 août 1795 (détail). Musée de l'Histoire de France, Archives nationales, Paris.
14b *La République française*, peinture d'Antoine Gros. Château de Versailles.
15 La nouvelle République turque, personnifiée par une jeune femme non voilée et menant le cheval du fondateur de la république, Moustafa Kemal, carte postale, vers 1922.
16 *Félicité Robert de Lamennais*, peinture de J. B. Guérin, 1826. Château de Versailles.
17h Jean-Paul Sartre, photographie de Gisèle Freund, 1939.
17b Thomas Huxley, photographie de Stanislas Valery. Stapleton Collection.
18h Billet de 1 dollar (détail).
18b Mariage en Sicile, 1991.
19 Amina Lawal, condamnée à la lapidation pour adultère, puis acquittée, devant les juges de la charia, le 8 juillet 2002.

CHAPITRE 2

20 Le roi Guillaume II couronné par le Christ, mosaïque de l'abside du Duomo di Monreale, XIIIe siècle.
21 Scène de la croisade contre les albigeois, enluminure tirée des *Grandes Chroniques de Saint-Denis*, vers 1400. Bibliothèque municipale, Toulouse.
22h Ramsès II devant le dieu Amon Râ, relief du mur de la salle hypostyle du temple d'Amon à Karnak, vers 1300 av. J.-C.
22b Statue de l'empereur Auguste. Musée du Vatican.
23 Martyres de saints, enluminure d'un manuscrit grec, XIe siècle. Bibliothèque Ambrosiana, Milan.
24 Constantin offre à saint Sylvestre la tiare, symbole du pouvoir temporel sur la ville de Rome, fresques romanes de la chapelle Saint-Sylvestre, 1246. Église des Quatre-Saints-Couronnés, Rome.
25 Les dogmes de la Foi écrasant Arius, enluminure du *Panégyrique* de Bruzio Visconti de Bartolomeo da Bologna di Bartoli, XIVe siècle. Musée Condé, Chantilly.
26 Christ couronnant l'empereur Othon II et son épouse Théophane, ivoire, 973-983.
27 La cité terrestre et la cité celeste, enluminure de *La Cité de Dieu* de saint Augustin, XVe siècle. Bibliothèque Sainte-Geneviève, Paris.
28h Baptême de Clovis, enluminure des *Grandes Chroniques de France*, XIVe siècle. Bibliothèque municipale, Castres.
28b Couronnement du roi Pépin en 754 par le pape saint Boniface, gravure coloriée, 1514. Bibliothèque des Arts décoratifs, Paris.
29 Allégorie de la royauté divine, roi carolingien couronné par une main venant du ciel (détail), enluminure d'un sacramentaire, vers 870. Bibliothèque nationale de France (BnF), Paris.
30 Le pape et le roi, enluminure du *Décret* de Gratien, XIIIe siècle. Bibliothèque municipale, Troyes.
31 Arrestation du pape Boniface VIII par Nogaret à Anagni, manuscrit, XVe siècle. Bibliothèque apostolique Vaticane.
32 « Rencontre entre le pape Léon X et François Ier au Palazzo publico de Bologne, le 11 décembre 1624 », peinture de Giovanni Bilivert. Coll. part.
33h Page de titre de l'ouvrage de Pierre Pithou, *Les Libertés de l'Église gallicane*, Robert Estienne, Paris, 1594. Bibliothèque Mazarine, Paris.
33b Page de titre de la Grande Bible, en anglais, 1539. Lambeth Library, Londres.
34 Diète d'Augsbourg, présentation de la Confession d'Augsbourg à l'empereur Charles Quint, le 25 juin 1530, gravure de Johann Dürr, 1630. Coll. part.
35h Édit de Nantes, 13 avril 1598. Musée de l'Histoire de France, Archives nationales, Paris.
35b La Saint-Barthélemy et l'assassinat de l'amiral de Coligny le 22 août 1572, gravure de Hogenberg, fin XVIe-début XVIIe siècle. Bibliothèque publique et universitaire, Genève.
36 Jacques Bénigne Bossuet, sculpture d'Augustion Pajou, 1779. Musée du Louvre, Paris.
37 *Le Triomphe de la religion*, peinture de Charles Le Brun (atelier). *Ibidem*.
38 *L'Agitateur du Languedoc*, peinture de Jean-Paul Laurens, 1887. Musée des Augustins, Toulouse.
39 Juifs de Cologne brûlés vifs, gravure du *Liber Chronicarum*

CHAPITRE 3

62 Le capitaine Dreyfus devant le conseil de guerre, décembre 1894.
63 Protestation contre l'expulsion des religieuses lors de la fermeture des écoles congréganistes, vers 1903.
64 Caricature d'Émile Combes et du pape, aquarelle, début XXe siècle. Musée Jean Jaurès, Castres.
65h « La séparation. Effondrement du Concordat », carte postale, 1905.
65b Curé prêchant contre l'école laïque, caricature, *L'Assiette au beurre*, 1903.
66h Caricature d'Émile Combes, vers 1905.
66-67b Aristide Briand à la tribune de la Chambre des députés lors des débats sur la loi de la séparation de l'Église et de l'État, dessin, *La Vie illustrée*, avril 1905.
67h Ferdinand Buisson, photographie, début XXe siècle.
68-69h Manifestation protestant contre l'intrusion de la police dans l'église Sainte-Clotilde à Paris, le 1er février 1906 (en bas, à droite, le préfet de police Lépine, le directeur de la police municipale Touny et le commissaire principal Grillère), gravure de Beatin d'après Henri Rudaux. Coll. part.
68b Ecclésiastiques expulsés des séminaires, place Saint-Sulpice à Paris, vers 1905.

CHAPITRE 4

70 Façade de la mairie du XXe arrondissement à Paris, 2004.
71 Cour de récréation d'un collège.
72 « Le maître d'école, caporal de la IIIe République », illustration de Gir, *L'Assiette au beurre*, 4 décembre 1909.
73h *Le Grand Syllabaire illustré de la méthode rationnelle de lecture* par F.-A. Noël, instituteur public, adopté pour les écoles de la ville de Paris, vers 1920-1925.
73b Classe dirigée par un instituteur militaire en Alsace, vers 1920.
74-75b Le maréchal Pétain prenant congé du curé de l'église Saint-Louis de Vichy après un service religieux célébré à la mémoire des victimes des bombardements, mars 1942.
75h Jean Zay, ministre de l'Instruction publique de 1936 à 1939.
76 Affiche du PCF pour l'école laïque, octobre 1945, montage photographique de Joel.
77 Un instituteur dans sa classe, dans les années 1960.
78-79 Manifestation pour l'école laïque à Vincennes en juin 1960.
79b « École publique, porte de la vie », affiche de Jean Effel, 1969.
80 Manifestation contre le projet de loi Savary à Versailles en 1984.
81 Manifestation contre le projet de loi Bayrou à Paris en 1994.
82 George W. Bush prononçant un discours dans l'église baptiste de Glenarden à Landover en 2003.
83h Téhéran, femmes davany l'affiche de l'ayatollah Khomeiny, photographie de Marc Riboud, 1979.
83b Couverture du livre de Dominique Lecourt, *L'Amérique entre la Bible et Darwin*, Quadrige/ Presses universitaires de France, 1998.
84-85 Prière célébrant Aïd el-Kébir dans le stade Félix Pyat à Marseille en avril 1991.
86 Une du journal *Libération* du 21-22 octobre 1989.
87h Jeune homme portant une kippa.
87b Croix charismatique.
88 Manifestation lors de la Journée internationale de la femme à Paris en mars 2003.
89 Manifestation contre le projet de loi sur les signes religieux à l'école à Paris en janvier 2004
90 Jacques Chirac et les membres de la commission Stasi lors de la remise du rapport sur la laïcité en décembre 2003.
91 Dessin de Plantu, *Le Monde*, 12 décembre 2003.
92 Une du journal *La Raison*, janvier 2005.
93 La reine Elizabeth II lors d'une cérémonie à la cathédrale anglicane de Liverpool en avril 2004.
94-95 Séance du parlement européen à Strasbourg.
95h Préambule du Traité constitutionnel européen.
96 Manifestation contre le projet de loi Bayrou à Paris en 1994.

TÉMOIGNAGES ET DOCUMENTS

101 Jean-Baptiste Lefèvre, chevalier de la Barre, sculpture aujourd'hui détruite.
111 Maître avec ses élèves devant l'école de Buigny-lès-Gamaches (Somme), photographie, début XXe siècle. Musée national de l'Éducation, Rouen.
113 Caricature sur Jules Ferry et l'école laïque, *L'Assiette au beurre*, vers 1905.
117 Inventaire de l'église de Saint-Sevran à Paris, sous le contrôle de la police, photographie, *L'Illustration*, 1906.
120 Aristide Briand en « Grand Maître de l'Instruction publique et gendarme des cultes », caricature de Léandre, *Le Rire*, 31 mars 1906.
127 « Le *Penseur* chassant le "caté" de l'École publique », caricature de Joël Dechaume. Coll. part.
139 La signature du Concordat entre le gouvernement français et le pape Pie VII, gravure anonyme, 1801.

INDEX

CRÉDITS PHOTOGRAPHIQUES

ADAGP, Paris 2005 79b. AFP, Paris 78-79h. AFP/Frederic Noy 19. AKG, Paris 32, 34, 40-41h. Archives Gallimard 56-57h, 56b, 117. Bibliothèque apostolique vaticane 31. Bibliothèque Mazarine, Paris 33h. Bibliothèque nationale de France, Paris 29, 47h, 50h, 50b, 53g, 53d, 55, 57, 58, 139. Bibliothèque Sainte-Genevève, Paris 27. Bridgeman/Giraudon, Paris 17b, 25, 33b, 47b, 51. Christophe L, Paris/MP. Productions 13h. CIRIP/A. Gesgon, Paris 76, 79b. CIT'images, Paris/P. Rousseau 1, 4-5. Corbis, Paris 18h. Corbis/Brooks Kraft 82. Corbis/Les Stone 12. Corbis/Sygma 81. Corbis/Sygma/Ph. Caron 84-85. G. Dagli Orti, Paris 20, 22h, 24, 28h, 28b, 35b. J. Dechaume 127. R. Duvigneau 144. Gallimard/P. Leger 70. Gamma, Paris/Bassignac-Turpin 96. Gamma/A. Borel 80. Gamma/Luyssen de Malglaive 89. Gamma/Rota/Camera Presse 93. Godong contact@godong-photo.com 87h, 87b. Keystone, Paris 60. Yann Layma, Paris couverture 1er plat. Leemage, Paris 23, 39. Leemage/AGF/Frassineti 40b. Leemage/Costa 41b. Leemage/Selva 26, 64-65b, 67b, 72. Libération, Paris 86h. Magnum/Abbas 18b. Musée de l'Éducation, Rouen 73b, 111. Musée Jean Jaurès, Castres 66. Nina Beskov Agency 17h. Quadrige/Presses Universitaires de France, Paris 83b. Plantu, Paris 91. Rapho/M. Desjardins 77. Rea, Paris/W. Beddegenoodts 94-95. Rea/Ludovic 90. RMN, Paris dos de couv., 14b, 16. RMN/Bulloz 11, 14h, 35h, 48-49b, 52. RMN/G. Blot 54h, 54b. RMN/H. Lewandowski 10, 36, 37, 42, 46. RMN/R.G. Ojeda/Le Mage 9, 38, 44b. Marc Riboud, Paris 83h. Roger Viollet, Paris 44-45h, 48h, 58-59b, 61, 62, 65h, 68-69h, 68b, 74-75b, 75h, 101, 113. Rue des Archives, Paris 64h. Rue des Archives/The Granger Collection 15. Rue des Archives/Tallandier 63. Scala, Florence 22b. Sipa, Paris 2e plat de couv. Sipa, Paris/Goldner 67h. Sipa/Th. Haley 88. Sipa/O. Mathys 13b. Succession Picasso, Paris 2005 9. Urba images, Paris 71. Urba Images/J. Chatin 6-7. Urba Images/P Minot 2-3. J. Vigne, Gennevilliers 21, 30, 43, 73h.

REMERCIEMENTS

L'auteur remercie chaleureusement Jean Paul Scot, Christian Eyschen et Samuel Tomeï pour leurs précieuses remarques ainsi que Régis Duvignau, photographe, et Joël Dechaume, artiste peintre. Les Éditions Gallimard remercient Alain Gesgon.

ÉDITION ET FABRICATION

DÉCOUVERTES GALLIMARD
COLLECTION CONÇUE PAR Pierre Marchand.
DIRECTION Elisabeth de Farcy.
COORDINATION ÉDITORIALE Anne Lemaire.
GRAPHISME Alain Gouessant.
COORDINATION ICONOGRAPHIQUE Isabelle de Latour.
SUIVI DE PRODUCTION Fabienne Brifault.
SUIVI DE PARTENARIAT Madeleine Giai-Levra.
RESPONSABLE COMMUNICATION ET PRESSE Valérie Tolstoï.
PRESSE Flora Joly et Alain Deroudilhe.

HISTOIRE DE LA LAÏCITÉ, GENÈSE D'UN IDÉAL
ÉDITION Isabelle de Coulibœuf. ICONOGRAPHIE Claire Balladur.
MAQUETTE ET MONTAGE Valentina Léporé.
LECTURE-CORRECTION Pierre Granet et Jocelyne Marziou.
PHOTOGRAVURE Color Way.

Agrégé de l'Université, docteur en philosophie, Henri Pena-Ruiz
est maître de conférences à l'Institut d'études politiques
de Paris et professeur en khâgne au lycée Fénelon, à Paris.
Ancien membre de la commission Stasi (2003) sur l'application du principe
de laïcité, il a consacré une partie importante de ses travaux à la laïcité,
et publié : *Dieu et Marianne : philosophie de la laïcité* (PUF, 1999) ;
La laïcité pour l'égalité (Fayard-Mille et une nuits, 2001) ;
La Laïcité, anthologie de textes commentés (Flammarion G.-F. Corpus, 2003) ;
Qu'est-ce que la laïcité ? (Gallimard, Folio Actuel, 2003).
Il a également écrit : *Le Roman du monde, Légendes philosophiques*
(Flammarion, 2001) ; en collaboration avec Jean-Paul Scot,
Un poète en politique : les combats de Victor Hugo (Flammarion, 2002) ;
Leçons sur le bonheur (Flammarion, 2004)
et *L'École* (Gallimard, Folio Actuel, 2005).

À ma mère, Felicia Pena-Ruiz
À mon père, Eufrasio Pena-Ruiz
qui m'ont si bien montré le chemin de la République laïque et sociale

Dépôt légal : mars 2005
Numéro d'édition : 131 124
ISBN : 2-07-030038-2
Imprimé en France par Pollina - n° L96125